ちくま新書

やりなおし高校日本史

野澤道生
Nozawa Michio

1306

やりなおし高校日本史【目次】

はじめに

「そういや日本に鉄砲が伝来した頃ってさ～」って感じで会話が始まるの、海外では普通なんだろうか……ドイツの文化を知る前に、ぼくは日本について知る必要がありそうです。

これは、かつての教え子で、今（二〇一八年）、ドイツ人工知能研究センター（ＤＦＫＩ）で研究員をしている石丸翔也氏（二十六歳）が、学生時代に初めて留学した時に書いたブログの一節です。

鉄砲を伝えたのはポルトガル人であり、その後、開始された彼らとの貿易は南蛮貿易とよばれていること。そして、間もなくフランシスコ・ザビエルが来て、日本にキリスト教を伝えたことは、よく知られています。

でも、そもそもポルトガル人は、なぜ、地球の裏側まで来て、種子島に流れ着いたのでしょうか。そして、東洋の小さな島国との貿易に、どんな魅力があったのでしょう。

ぼくは、一九九七年、「文部省日米国民交流若手教員米国派遣」の一期生として、アメリカのイリノイ州へ長期出張しました。四月に突然、「アメリカに行ってもらうことになった」と告げられ、六月に東京で文部省（現文部科学省）の方から、「目的は日本を伝えてもらうことです。初めての事業なので、授業のやり方は先生方に任せます」と言われました。

ぼくが赴任した学校は、シカゴの郊外にある、ヘミングウェイが卒業した高校でした。社会科の教室に飾られていたのは、奈良の大仏や金閣、姫路城、浮世絵など文化財の写真でした。

当時、授業で接したアメリカの高校生がイメージしていた日本とは、ホンダのバイクやソニーの大型テレビといった先端技術か、空手や茶道などの伝統技能、そして金閣や浮世絵のようなエキセントリックな文化財でした。

質問もこれらに関するものが多く、ぼく自身、少林寺拳法の有段者であることを利用して、授業の導入に武術ネタを使うこともありました。

それが今、「そういや日本に鉄砲が伝来した頃ってさ〜」と言ってもらえることは、とても良いことだと思います。でも、こちらも日本の歴史について知っておかなければなりません。

この本は、高校の日本史の教科書に記されている内容のなかから、習ったはずなのに、その歴史的意義があまり理解されていないことや、誤解されがちなこと、そして、ぼくが皆さんに、もっと知ってほしいと思うことからテーマを選んで、全部で十二時間の授業をおこなうものです。あわせて、ぼくの「お薦め」の文化財も紹介しています。

よかったら、今から一緒に、日本の歴史を振り返ってみませんか。もちろん、楽しい、華やかな過去ばかりではありません。反省すべきこともあります。

それでも最後の時間が終わる頃には、きっと、日本史を好きになってもらえるのではないかと思います。そして、この本を片手に、紹介した文化財に会いに行っていただけるなら、さらにうれしいです。

それでは、授業を始めます。

「お願いします」

一学期

古代の日本

一時間目▼

律令国家「日本」誕生までの道　ヤマト政権の時代

――それはまったく道理にあっていない。改めよ

†記念すべき天皇のナンパの歌

籠《こ》もよ　み籠持ち　掘串《ふくし》もよ　み掘串《ぶくし》持ち　この丘に　菜摘《なつ》ます児《こ》　家聞かな　名告《なの》
らさね　そらみつ　大和《やまと》の国は　おしなべて　われこそ居《お》れ　しきなべて　われこそ座《ま》
せ　われこそは　告《の》らめ　家をも名をも

これは『万葉集』の巻一の一に収められた歌、つまり記念すべき巻頭の歌です。意訳すると、

籠《かご》よ、お籠を持って、箆《へら》よ、お箆を持って、この丘で菜を摘んでいるお嬢〜さん。家を教えてよ、名前を教えてよ。この大和の国はぜ〜んぶ俺のものなんだよ。俺ほどイイ男はいないよ。だから、家と名前を教えてよ。

清々《すがすが》しいほど見事なナンパの歌でございます。しかし、このナンパ野郎、「この大和の国に俺ほどイイ男はいない」と言い切れるだけの男だったのです。男の名は大泊瀬幼《おおはつせわか》武尊《たけるのみこと》。中国の歴史書では「倭王武」、そして日本の歴史書には雄略《ゆうりゃく》天皇と記される人物です。

なお、「み籠《こ》・み掘串《ぶくし》」を「お籠《かご》・お箆《へら》」と訳すのは、ぼくが大学生時代に、本当にお世話になった万葉集研究の第一人者であった犬養孝先生によるものです。犬養先生は、講義のなかで「好きな人のハンカチはもう、ただのハンカチではありません。おハンカチなのです」と言われました。そして、この歌を語る時は「お嬢さん方、男の人から好きだと言われたら、すぐにOKしたらダメですよ。じらさなきゃ。そしたら相手はさらに燃えるから」と楽しそうに話されました。さらに「天皇がナンパなんてはしたない、と思ったらダメです。万葉集の時代は、恋多きことは素敵なことだったのです」と。

名前を教えるというのは、かなり重要な意味をもっていました。映画『千と千尋の神隠し』を見たことがある方は、「湯婆婆は相手の名を奪って支配するんだ」という言葉があったのを覚えていますか？　名前を相手に渡すということは、命を預ける、忠誠を誓うことを意味します。この歌においては、女性と男性の関係のため、女性が男性に名前を教えることは、愛を受け入れるという意味になるのです。

ぼくの大学の先輩に、彼女へのプロポーズとして、この歌だけを書いた手紙を送った人がいました。

便箋に、彼女の名前だけが記された返事が届いたそうです。

二人は結婚しました。


一時間目は、この雄略天皇の時代から日本が律令国家「日本」に成長するまでの、約二百年の歴史について学んでいきましょう。

†巨大古墳の時代の外交と内政

雄略天皇は、五世紀後半の人物です。五世紀は、仁徳天皇陵とも呼ばれる大阪府堺市の大仙陵古墳などが造られた「巨大古墳の世紀」でした。

四七八年、倭王武こと雄略天皇は、当時、南北朝時代であった中国の南朝の宋に朝貢しました。朝貢は一国の王のみに許されたことでした。朝貢を認められ、臣下にある周辺の従属国の王として保護を受けることを冊封《さくほう》体制とよびます。冊封を受けた従属国は、受けていない国に対して中国皇帝の権威を後ろ盾にすることができ、もし他の従属国から攻められた場合は、中国が守ってくれるという関係でもありました。ある意味、集団的自衛体制ともいえるでしょう。『宋書倭国伝』には、次のように記されています（現代語訳）。

興《こう》が死んで、弟の武が即位し、倭・百済・新羅・任那・加羅・秦韓・慕韓七カ国の軍事指揮権を持つ安東大将軍である倭国王と自称した。

倭王武は、順帝の昇明二年、使いを送って上表した。その上表文には「私の国は、中国からは偏遠なところにありますが、昔から私の祖先は、自ら甲冑を身に付けて、山川をかけめぐり、休む暇もありませんでした。そして、東は五十五カ国、西は六十六カ国、海を越えて海北に進み九十五カ国を征服しました……」とあった。そこで皇帝は詔を出して、武を倭・新羅・任那・加羅・秦韓・慕韓の六カ国の軍事的指揮権を持つことを許した安東大将軍である倭王に任命した。

この歴史書に記されている、興は安康天皇、武は雄略天皇だと考えられています。当時

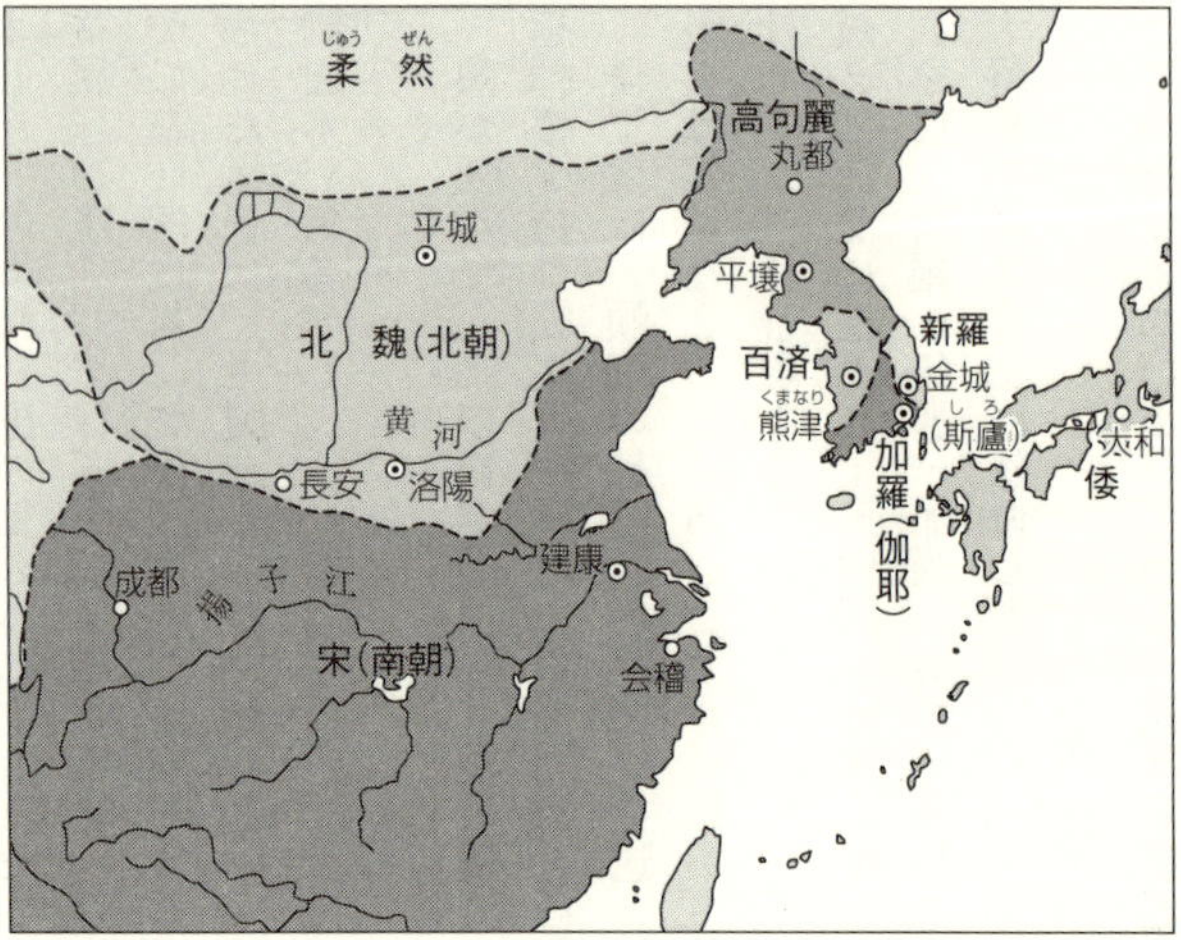

5世紀のアジア

の東アジアは上の地図のような勢力図でした。このような情勢のなか、雄略天皇は、中国の権威をかりて、朝鮮半島南部の諸国に対する政治的・軍事的な優位を確保しようとし、上表したのです。宋も北朝に対抗する必要から、倭王の要求に応じました。一方、宋は同様の理由で、百済にも配慮したため、七ヵ国の軍事指揮権を持つ安東大将軍であると自称する武に対して、百済を除く六ヵ国の指揮権を持つことを認めるにとどまっています。

このころ、百済は倭と良好な関係にありました。奈良県石上《いそのかみ》神宮が所蔵している七支刀（国宝）は、四世紀に百済王から贈られたものです。加えて、六世紀には百済から、儒教・仏教・暦法なども伝わるほどの関係でした。

　なお、地図中・史料中の加羅（伽耶《かや》）は、『日本書紀』では任那と呼ばれており、小国連合的なもので、ヤマト政権は早くからこの地と密接な関係をもっていたと考えられています。朝鮮半島南部は、ヤマト政権にとって鉄資源を確保するための重要な場所でした。

　さて、五世紀にヤマト政権の勢力が拡大したことは、先ほどの上表文からも読み取れますが、国内にもこのことを示す遺品が残されています。埼玉県稲荷山《いなりやま》古墳から出土した鉄剣（国宝）と、熊本県江田船山《えだふなやま》古墳から出土した鉄刀（国宝）に、ともに「獲加多支鹵大《わかたけるのおお》王《きみ》」の文字が刻まれているのです。この獲加《わか》多支鹵《たける》大王は、大泊瀬幼武尊《わかたける》、つまり雄略天皇だと考えられます。

　稲荷山古墳出土の鉄剣には、オワケの臣が先祖以来大王に奉仕し、ワカタケル大王が「天

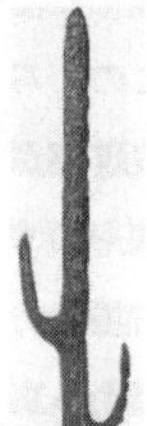

石上神宮七支刀
出典：『原色版国宝1』上古飛鳥奈良1、毎日新聞社

稲荷山古墳出土
鉄剣銘ワカタケル
写真提供：埼玉県立さきたま史跡の博物館、所有：文化庁

下を治める」のを助けたと記されています。一方の江田船山古墳出土の鉄刀銘にも「治天下ワカタケル大王」と刻まれています。稲荷山古墳出土の鉄剣の銘文は四七一年に記されたとする説が有力であり、倭王武が上表文を送った四七八年と時期的にドンピシャ当たりです。

それと同じころ、四七五年には、倭と仲が良かった百済が高句麗に攻められ、王が戦死して、一度滅びるという事態が起こりました。この戦乱で多くの王族とともに百済の人々が、倭に渡来してきます。さまざまな技術を伝えた彼らを、ヤマト政権は部《べ》という職業集団に組織し、政権の職掌を分担させました。部はもともと百済の制度で、この渡来人の組織化が、官僚制度がつくられる発端だったと考えられます。

以上をすべて付き合わせると、次のようなことがわかります。

五世紀後半、ヤマト政権は、高句麗との対立のなか、朝鮮半島南部をめぐる政治・軍事上の立場を有利にするために中国皇帝の権威を借りる一方、有力豪族を抑えて九州から関東までを勢力下に治めた。さらに渡来人の力も借りて政治の体制を整え、政権の性格を、豪族が連合する形から「天下」を支配する大王に豪族たちが服属するという形へと変化させた。

武の上表文ののち倭王の中国への遣使は、聖徳太子こと厩戸皇子《うまやと》の時代である推古朝の遣隋使まで見られません。五八九年に成立した隋は、南北朝時代の混乱を鎮め、約三百年ぶりに中国を統一した王朝でした。六〇七年に派遣された使者が、隋の煬帝《ようだい》に渡した国書には次のように書いてありました。

日出る処の天子、書を、日没する処の天子に致す。恙《つつが》なきや

これまでの朝貢ではなく、対等外交を主張したことがわかります。このような主張は、雄略天皇のころに倭王の権威が向上して、推古朝ではすでに、中国の冊封を受ける必要のない支配体制が整っていたからこそ可能となったのです。

†推古朝の外交と内政

倭国からの国書の内容に激怒した煬帝でしたが、家臣たちになだめられて、倭へ使者をおくり、国交を結ぶことにしました。当時、煬帝は高句麗遠征を計画しており、その背後にある倭と結んでおく方が得策だと考えたからです。なお、「日出る処、日没する処」は

仏教で東・西の方角を示す言葉であり、煬帝はこれを無礼だと感じたのではありません。問題は「天子」という言葉です。天子は、天帝によって地上の支配を認められた者であり、世界中に一人しかいない存在だからです（これについては後述）。

当時の東アジアは、激動の時代を迎えていました。一度は高句麗に滅ぼされた百済でしたが、国力を回復し、加羅地方に勢力を伸ばしました。さらに新羅も進出し、六世紀後半には加羅諸国の主要部を領有しました。それにより、ヤマト政権の朝鮮半島における影響力は大きく後退していました。そんななか、隋は、中国を統一したわずか十年後（五九八年）に、高句麗遠征を開始します。このことは、朝鮮半島全域を臨戦状態にしました。一時期、推古朝は新羅遠征を計画していましたが、それを中止し、隋と国交を結ぶことで、中国文化の摂取を目指すことにしたのです。

六〇七年の遣隋使については、『日本書紀』にも『隋書』という中国の歴史書にも書かれていますが、『隋書』には、これ以前の西暦六〇〇年にも、倭から遣使があったと記されています。時の皇帝は、煬帝の父、隋を建国した文帝でした。彼は管理登用法である選挙（のちの科挙）や均田制などの新制度を設けるなど、中央集権体制を進めた人物です。『隋書』には、倭からの使者が自国について尋ねられ、いろいろ答えている様子が書かれていますが、『日本書紀』には、この遣使については何も記されていないのです。使者が見た文帝の隋は、高度な律令国家で、能力で選ばれた官僚によって、法に基づいた中央集権政治がおこなわれていました。それに対して倭は、有力豪族が世襲の職掌をもって、朝廷に奉仕する形で政権に参加している状態でした。倭の様子を聞いた文帝は、「それはまったく道理にあっていない。改めよ」と訓令したと『隋書』には書かれています。また、六〇〇年以前の遣使はまだ朝貢使であったこともあり、この事実について『日本書紀』に書くことができなかったのではないかと考えられます。

国内に話を戻せば、ヤマト政権内部では、大伴氏が六世紀初めに継体《けいたい》天皇を擁立したことで権力を拡大しますが、六世紀半ばに朝鮮半島への政策をめぐって勢力を失い、代わって、物部《もののべ》氏と新興の蘇我《そが》氏が力をもってきました。

物部氏は軍事を職掌としており、政権内での地位を示す姓《かばね》は、特殊な職掌で政権に仕える有力豪族に与えられる「連《むらじ》」です。特に有力であったため「大連《おおむらじ》」とよばれていました。一方の蘇我氏は、近畿地方の有力豪族で姓は「臣《おみ》」、財政を担当し、「大臣《おおおみ》」とよばれました。財政担当ですから、先進的な知識を持つ渡来人とも深く交流していました。

この両者は、百済から伝えられた仏教を崇拝するか否かでも対立しており、『日本書紀』には次のように記されています（野澤の意訳）。

欽明《きんめい》天皇が群臣たち一人ひとりに問いかけられた。

「百済から献上された仏像のお顔の何と美しいことか。いまだかつて見たことがない。拝もうか、どうしようか」

大臣の蘇我稲目《いなめ》（馬子《うまこ》の父）が申し上げた。

「中国も朝鮮もみんな礼拝しています。それなのに日本だけが礼拝しないということがありましょうか」

大連の物部尾輿《おこし》（守屋《もりや》の父）と連の中臣鎌子（鎌足の父）が申し上げた。

「王が、この国で天下を支配しているのは、常にこの国の多くの神々を祭られてきたからです。それなのに今、外国の神を拝むようなことをしたら、わが国の神々の怒りをかいますよ」

天皇は言われた。

「では、拝みたいと言っている蘇我氏に預けて、試しに拝ませてみよう」

この対立は崇仏論争《すうぶつろんそう》とよばれますが、純粋な崇仏・排仏というよりも、政権内の主導権争いがからんでいたのです。実際に、欽明天皇→敏達《びだつ》天皇（排仏派）→用明《ようめい》天皇（崇仏派）と天皇の立場も入れ替わります。用明天皇は蘇我稲目の孫、馬子からみれば甥であったことからも、崇仏・排仏はそのまま権力闘争だったことがうかがえます。

さらには用明天皇が死去すると、五八七年、後継をめぐって蘇我馬子と物部守屋による武力対決が起こります。結果として、軍事の専門家であった物部氏を蘇我氏が破り、物部氏は滅亡します。さらに馬子は、自らが擁立した崇峻《すしゅん》天皇を暗殺して、権力を強大なものとしました。

崇峻天皇の死後は、日本で最初の女帝である推古天皇が即位します。推古朝＝厩戸皇子の時代というイメージが強く、天皇の影が薄いようですが、バランス感覚に優れたかなり英明な君主であり、馬子と厩戸皇子との均衡を保ち、王権の維持をはかったと考えられています。

この推古朝で、小学校の教科書にも記されている冠位十二階（六〇三年）と憲法十七条（六〇四年）がつくられます。かつて、大学の入試問題に「憲法十七条は、のちの官僚制的な中央集権体制の方向に一歩をすすめたものといえる」という正誤問題が出題されたことがありました。

憲法十七条の内容は、第一条の「和を以て貴しとなし、忤《さから》ふること無きを宗《むね》とせよ」のほか、仏教の重視、天皇権威の絶対性を強調するなど、豪族に対して、朝廷に仕える官吏としての心構えを示した訓戒で、律令のような細かい規則や罰則規定はありませんでした。

それでも冠位十二階が、家柄ではなく、個人の能力や功績に応じて与えられ、昇進可能であったこととあわせて考えれば、憲法十七条は能力で選ばれた官僚が、法に基づいて中央集権政治をおこなうことが目的だといえるでしょう。そのため、この問題文は正文です。

こうして、せめて律令国家らしい体裁だけでも整えた上で、先に述べたように、六〇七年の遣隋使は派遣されたと、ぼくは考えています。

さらに、推古朝では、国家意識の高まりのなかで歴史書の編纂もおこなわれました。この考え方も中国から学んだものです。中国では、天帝は徳の高いものを天子として、地上を治めさせます。しかし天子が徳を失い、覇道（武力にたよる政治）で民衆の苦しみをかえりみなくなった場合は、追放されて当然だと考えられていました。この思想を易姓革命《えきせいかくめい》といいます。紀元前四世紀ごろ、孟子が唱えたものです。ただし、前の王朝を滅ぼした者には、自らの支配の正統性を主張するために「これは天帝の意思にかなう易姓革命だったのだ」と証明する必要が生じ、歴史書を編纂するようになったのです。

†飛鳥文化

七世紀前半に蘇我氏や王族によって広められた仏教中心の文化を、飛鳥文化といいます。仏教が日本に入り込むことができたのは、日本の神々はもともと自然崇拝に由来する八百《やお》万《よろず》の神であり、非常にフレキシブルであったうえに、古墳が担ってきた祖先をまつる役割も、仏教寺院が肩代わりできたためです。加えて、推古朝において仏教文化が展開されたのは、他国に負けない律令国家を建設するため、豪族たちに「これがグローバルスタンダードなのだ」と目に見える形で示すという、高度に政治的な背景があったとぼくは考えています。

当初仏教は、人々には呪術の一つとして受けとめられていましたが、厩戸皇子は法華《ほけ》・維摩《ゆいま》・勝鬘《しょうまん》の三経典の注釈書である『三経義疏《さんぎょうのぎしょ》』を著し、「世間虚仮唯仏是真《せけんはこけゆいぶつぜしん》」（この世はすべて仮のものであり、仏のみが真実）の言葉を残したとされています。この言葉は、厩戸皇子が往生した天寿国の様子を描いた天寿国繡帳（国宝）に記されています。

天寿国繡帳
出典：wikipedia

飛鳥文化というと、まっさきに思い浮かぶのは法隆寺でしょう。法隆寺へ行けば、飛鳥文化に影響を与えた中国の南朝様式と北魏様式の両方の仏像を見ることができます。北魏様式は、正面から見ることを前提として、アルカイックスマイルを浮かべていますが、横から見ると薄っぺらです。それに対して南朝様式は、

飛鳥大仏

広隆寺半跏思惟像
出典：wikipedia

穏やかな顔で全体に丸みがあります。

ここでは、法隆寺以外のものを一つずつ紹介します。まず北魏様式は、飛鳥寺にある通称「飛鳥大仏」です。飛鳥寺は、蘇我馬子が建立した日本で最初の寺院です。二〇一二年の調査で現存像の大部分が造立当初のものである可能性が高いとされましたが、傷みがひどいため国宝ではなく、重要文化財となっています。目の前にあって写真撮り放題です。ぼくも学生時代に「写真を撮ることで、あなたと仏様の間に縁《えにし》ができるのであれば、ありがたいことです」と言われたことがあります。

南朝様式は、やはり広隆寺半跏《はんか》思《し》惟《ゆい》(弥《み》勒《ろく》菩《ぼ》薩《さつ》)像でしょう。国宝第一号。ドイツの実存主義の哲学者ヤスパースをして「人類最高の美」と言わしめました。ぼくのなかでも最も美しい仏像です。学生時代は、手を伸ばせば届きそうな場所から見ることができたのですが、行くたびに遠ざけられていて、今（二〇一八年現在）は〝双眼鏡持参〟の距離になってしまい、本当に残念です。

†大化の改新

隋は四回におよぶ高句麗遠征の失敗で国力が疲弊し、農民の反乱もあって六一八年に滅亡します。代わって成立した唐は、建国当初、隋の高句麗遠征の失敗をふまえて遠征をおこなわず、高度な官僚機構による中央集権制度を発展させました。

一方、ヤマト政権では、厩戸皇子と蘇我馬子が相次いで死去したあと、馬子の子蝦夷《えみし》が大臣となって政治を主導し、推古天皇の死後には舒明《じょめい》天皇を即位させました。舒明天皇は即位すると、六三〇年に犬上御田鍬《いぬかみのみたすき》らを最初の遣唐使として派遣します。その後、彼らと、かつて遣隋使とともに中国に渡っていた留学生らが帰国すると、天皇を中心とする中央集権国家の体制をつくりだそうという動きが強まっていきます。舒明天皇の死後は、后であった皇極《こうぎょく》天皇が即位しました。この舒明天皇と皇極天皇が、この後登場する兄弟、中大兄皇子（のちの天智天皇）と大海人皇子（のちの天武天皇）の両親です。

六四三年、蝦夷の子入鹿《いるか》が、皇位継承の有力候補であった厩戸皇子の子山背大兄王《やましろのおおえのおう》一族を滅ぼすという事件を起こしますが、その二年後には、反対に、中大兄皇子らによって、入鹿とその父蝦夷が倒されるクーデター（乙巳《いっし》の変）が起こされます。この政変から始まる一連の政治改革は「大化の改新」と呼ばれています。

事件が起こった背景について、「蘇我蝦夷と入鹿が〝天皇家きどり〟で横暴であったため誅伐された」と書かれた中学校の教科書もかつてはありましたが、そんなに単純なものではありません。六四〇年代の東アジア諸国では、唐が周辺諸国を圧迫するなか、戦争に対処できる権力集中型の政治体制を構築するために、次々と政変がおこっていたのです。百済では、六四一年、義慈《ぎじ》王が即位すると同時に、貴族中心の政治体制を改めて権力を集中し、新羅への攻撃を開始しました。高句麗では、六四二年、宰相の泉蓋蘇文《せんがいそぶん》が国王と重臣らを殺害して権力を握り、百済と結んで新羅に進出しようとしました。国内が混乱していた新羅では、女王のもとで王族の金春秋《きんしゅんじゅう》が、六四七年に権力を握りました。

気が付きましたか？

六四三年に蘇我入鹿が山背大兄王を殺害した事件は、前年に高句麗でおこったものと同じ。六四五年の中大兄皇子によるクーデターは、新羅でおこったものと同じ形の権力集中策だったのです。

中学校の教科書には「そのころ国内では、蘇我氏の独裁的な政治に対する不満が高まっていました。こうした中で中大兄皇子は、六四五年に中臣鎌足（後の藤原鎌足）などとともに蘇我蝦夷・入鹿の親子をたおし、（略）新しい支配の仕組みを作る改革を始めました」（『新編 新しい社会 歴史』東京書籍）のように書かれている一方、高校日本史の教科書には、「倭では、蘇我入鹿が厩戸王（聖徳太子）の子の山背大兄王を滅ぼして権力集中をはかったが、中大兄皇子は、蘇我倉山田石川麻呂《そがのくらやまだのいしかわまろ》や中臣鎌足の協力を得て、王族中心の中央集権をめざし、六四五（大化元）年に蘇我蝦夷・入鹿を滅ぼした」（『詳説日本史B』山川出版社）のように、権力集中の方策の違いとして記されています。

さて、乙巳の変から始まる大化の改新には、謎が多く、様々な議論があります。その一つが「郡評《ぐんぴょう》論争」です。大宝律令の施行までは、地方行政区画を「評」と表記していたのですが、『日本書紀』に記されている「改新の詔」には「郡」の文字が使われているのです。詔が出されたとされる時代には「郡」は用いられていなかったため、この詔の信憑性自体も疑われました。

現在、「改新の詔」については、大きく次の三つの説

一　「詔」は、文書ではなく宣言のみであったとしても、その方針は示された
二　「詔」は出されており、『日本書紀』編纂の時に、文字は改められた
三　「詔」は、政権を正当化するための、後世の創作である

が考えられています。

また、滅亡の危機にあった新羅を朝鮮半島統一へと導いた大英雄である金春秋（のちの武烈王）と中大兄皇子がおこなったとされる出来事が余りにも似ているため、乙巳の変のクーデターそのものが、金春秋をモデルにした作り話ではないかとの意見もあります。

実際のことはわかりませんが、ぼくは蘇我入鹿が非常に優秀な人物であったということは確信しています。彼は、改新政府で国博士《くにのはかせ》という政治顧問になった僧旻《みん》（隋・唐へ留学後、帰国）から、「自分の学校で一番優秀だ」と賞賛されています。しかも、これは入鹿を殺害した側の藤原氏の歴史書（『藤氏家伝』）に書かれています。山背大兄王殺害に荷担したとされる人物たちは、新政府で粛清されるどころか、逆に栄達しており、改新政治の内容には、蘇我氏の施策を継承しているものもあります。

こうしてみると、蘇我入鹿は悪逆非道どころか、極めて有能な天才政治家であり、落ち度があったのではなく、政界の主導権争いに、暗殺という悲劇的な形で敗れたに過ぎない

と、ぼくには思えます。

†律令国家の成立

百済と高句麗に挟撃されて、滅亡の危機を迎えた新羅の金春秋は、唐を動かすことに成功します。さらに六六〇年には唐と新羅は同盟を結んで百済を攻め、百済は滅亡します。

当時の天皇である斉明《さいめい》天皇は、百済救援軍の派遣を決定します。なお、彼女は、乙巳の変の時の皇極天皇と同一人物です。クーデター後、孝徳《こうとく》天皇に譲位しましたが、孝徳の死後、再び皇位に就いていました（一度退位した天皇が、再び皇位に就くことを重祚《ちょうそ》という）。

倭軍は、白村江《はくすきのえ》の戦い（六六三年）で唐・新羅の連合軍に大敗し、亡命を望む百済の貴族とともに撤退しました。この後、新羅は高句麗も滅ぼし、さらに唐の勢力を追い出して、半島を統一します。

白村江の大敗北により、ヤマト政権は、百済救援どころか国家存亡の機をむかえることになりました。朝廷は、大宰府防備のために水城《みずき》を設け、対馬から大和にいたる各地に、百済からの亡命貴族を用いて朝鮮式山城を築くなど、国防の強化をはかりました。そして都を内陸で交通の要地でもある近江大津宮《おうみのおおつのみや》に移し、中大兄皇子はここで即位します。唐・新羅の襲撃を警戒したヤマト政権でしたが、唐と新羅の対立などもあり、侵攻を受けることはありませんでした。

即位後、天智天皇は、諸豪族との融和をはかりながら、六七〇年には最初の全国戸籍である庚午年籍《こうごねんじゃく》をつくるなど、律令国家建設を進めます。

その天智天皇が死去すると、天皇の弟の大海人皇子と天皇の子である大友皇子との間で、皇位継承をめぐる対立がおこりました。古代史上最大の内乱とされる壬申《じんしん》の乱（六七二年）です。乱は近江大津宮から逃れて吉野で兵をあげた大海人皇子が、東国の兵を結集して、大友皇子の近江朝廷に勝利しました。この戦いで、近江朝廷側についた有力豪族たちが衰退する一方で、六世紀半ばに失脚していた大伴氏が、大海人皇子に味方したことで政権への復帰を果たしました。壬申の乱に勝利した大海人皇子は、都を飛鳥に戻し（飛鳥浄《あすかきよ》御原宮《みはらのみや》）、即位して天武天皇になりました。

天武天皇は、近江側についた有力豪族たちが没落したこともあり、強大な権力を握り、皇親を重用して中央集権国家建設を進めました。このころ万葉歌人として有名な柿本人《かきのもとのひと》麻呂《まろ》が詠んだ歌が、
大君《おおきみ》は　神にしませば　天雲の　雷《いかづち》の上に　いほりせるかも

です。天皇の神格化がみられ、権威が確立した様子が浮かび上がります。天武天皇は、八色《やくさ》の姓《かばね》を定めて畿内の氏族を天皇を中心にした新しい身分秩序に編成し、それを基礎に豪族を官僚に組織しました。さらには、律令や国史の編纂にも着手しました。

天武天皇の死後、後を継いだのは妻であった鸕野讃良皇女《うののさららのひめみこ》でした。彼女は天智天皇の娘で、大友皇子の姉です。大海人皇子の妻のうちで、壬申の乱の際に吉野まで従った唯一の女性だったと考えられています。彼女は子の草壁《くさかべ》皇子に皇位を継承させるべく、草壁の異母兄弟で、『日本書紀』でもその素晴らしさを絶賛されている大津《おおつ》皇子を、謀反の罪で処刑してしまいます。しかし、その草壁も三年後に病死します。鸕野讃良は、愛する草壁の息子である軽皇子《かるのみこ》の皇位継承をはかりますが、さすがに幼すぎたため、軽皇子が成人するまでの中継ぎを探します。天皇になっても周囲が納得する出自で、かつ軽皇子成長のあかつきには、必ず皇位を譲ってくれる人でなければなりません。そう、それは自分しかいませんでした。これが持統《じとう》天皇です。後に彼女は、軽皇子を十五歳という前例のない若さで即位させ、文武《もんむ》天皇とするのです。

持統天皇は、天武天皇が描いた律令国家建設を推進しました。六九四年、中国の都城を模した本格的な都城である藤原京を飛鳥の北方に造営し、天武が編纂に着手した律令を飛鳥浄御原令《あすかきよみはらりょう》に結実させて、六八九年に施行します。翌年つくられた庚寅年籍《こういんねんじゃく》は、人民を統一的に支配する基礎となり、六年ごとに戸籍をつくり、班田収授をおこなう制度も確立しました。飛鳥浄御原令を基礎として、七〇一年には、文武天皇のもと、日本史上はじめての律令である大宝律令が完成します。大宝律令で刑法にあたる律は、ほぼ唐律を写したものですが、行政法や民法にあたる令は、日本の実情にあわせてつくられています。

†白鳳文化

この天武・持統天皇の時代を中心とする文化を白鳳《はくほう》文化といいます。中国の初唐文化の影響を受けた若々しく清新な文化です。それはまさに、律令国家建設に邁進する日本にマッチした文化でしょう。

白鳳文化で紹介したい一つめは、興福寺仏頭（国宝）です。乙巳の変に協力し、新政府で右大臣に登用されるも、四年後には中大兄皇子によって自害に追い込まれた蘇我石川麻呂の供養のために造られたものです。もとは石川麻呂が建立した山田寺のものだったのを、平安時代末に興福寺が強奪しました。その後、火災で頭部だけが残りました。白鳳文化を象徴する若々しいお顔だと思いませんか。

二つめは薬師寺東塔（国宝）です。薬師寺は、天武天皇が妻の鸕野讃良、のちの持統天皇の病気平癒のために建立した寺院です。この時代、朝廷は国家仏教をめざしており、大《だい》官大寺《かんだいじ》（現在の大安寺《だいあんじ》）などの官立の大寺院が建てられました。その一方で、寺院や僧侶は国家の厳しい監督・統制のもとにおかれました。

この薬師寺東塔は、各層に裳階《もこし》とよばれる庇《ひさし》のようなものがついているので、六層に見えますが、実は三重です。明治初期に、日本文化の素晴らしさを日本人に再発見させてくれたフェノロサが、この塔を「凍れる音楽」と評したという話があります。かなり怪しい話ですが、表現自体は「言い得て妙」だと感じるほど、律動的な美しさがあります。少なくとも、天武と持統の夫婦愛の賜物であることは間違いないでしょう。

興福寺仏頭
出典：wikipedia

薬師寺東塔

今、考古学の世界では、「○○天皇陵とされている陵墓で、本当に○○天皇が埋葬されているものは十基もない」というのが定説です。そのなかで「これは本人たちが埋葬されているだろう」といわれる数少ない陵墓が、宮内庁からは檜隈大内陵《ひのくまおおうち》と呼ばれている「天武・持統天皇陵（合葬陵）」です。奈良県の明日香村にある合葬陵へは、近鉄吉野線の飛鳥駅から道なりに歩いて行くことができます。もとは八角墳（王墓として、中央集権制を目指す時代に考え出された日本独自の墳形）だったと伝えられる小さな古墳です。

大宝律令制定の翌年、約三十年ぶりに派遣された遣唐使は、唐の役人に「日本」国の使者だと答えています。「日本」という国号は、飛鳥浄御原令、もしくは大宝律令において、公式に定められたと考えられています。

西暦六〇〇年には、隋の文帝に「まったく道理にあっていない。改めよ」と呆れられた、何もなかった倭の国は、百年で、ついに律令国家「日本」となったのです。

二時間目▼藤原氏の台頭と天平の外交 奈良時代

――さあ、諸君! 莫迦なことをするなよ

†ラクダの琵琶

奈良時代の文化は、聖武天皇の時代の年号をもとにして天平文化とよばれます。教科書には「平城京を中心とした、唐の文化の影響を強く受けた国際色豊かな高度な貴族文化」と説明されています。では、質問です。

奈良時代を代表する文化遺産を一つ答えよ。

何を思い浮かべましたか? 多くの人は、東大寺の大仏だったのではないでしょうか。

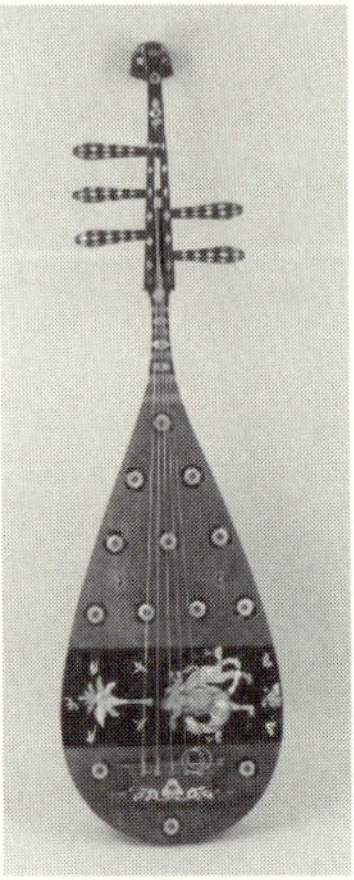

螺鈿紫檀五絃琵琶
出典：宮内庁ホームページ（http://www.kunaicho.go.jp/ja-JP/Treasure?id=0000010076）

でも、「大仏は確かに奈良にはあるけど、これが国際色豊かな高度な貴族文化なの？」と思いませんか。

では、上の楽器はどうでしょうか。「螺鈿紫檀五絃琵琶《らでんしたんごげんのびわ》」（国宝）です。小学校の社会科の教科書にも掲載されている東大寺の正倉院宝物を代表するもので、螺鈿細工でラクダが描かれており、西アジアの影響を受けていることがわかります。平城京がシルクロードの終点ともいわれるゆえんはこういったところにも見て取れます。これなら、「国際色豊かな高度な貴族文化」で納得でしょう。

二時間目は、このような素晴らしい美術・工芸品がもたらされた奈良時代の日本について学んでいきましょう。

†奈良時代の外交

六一八年に成立した唐は、領域を拡大して西アジアとの交流により国際色豊かな文化を

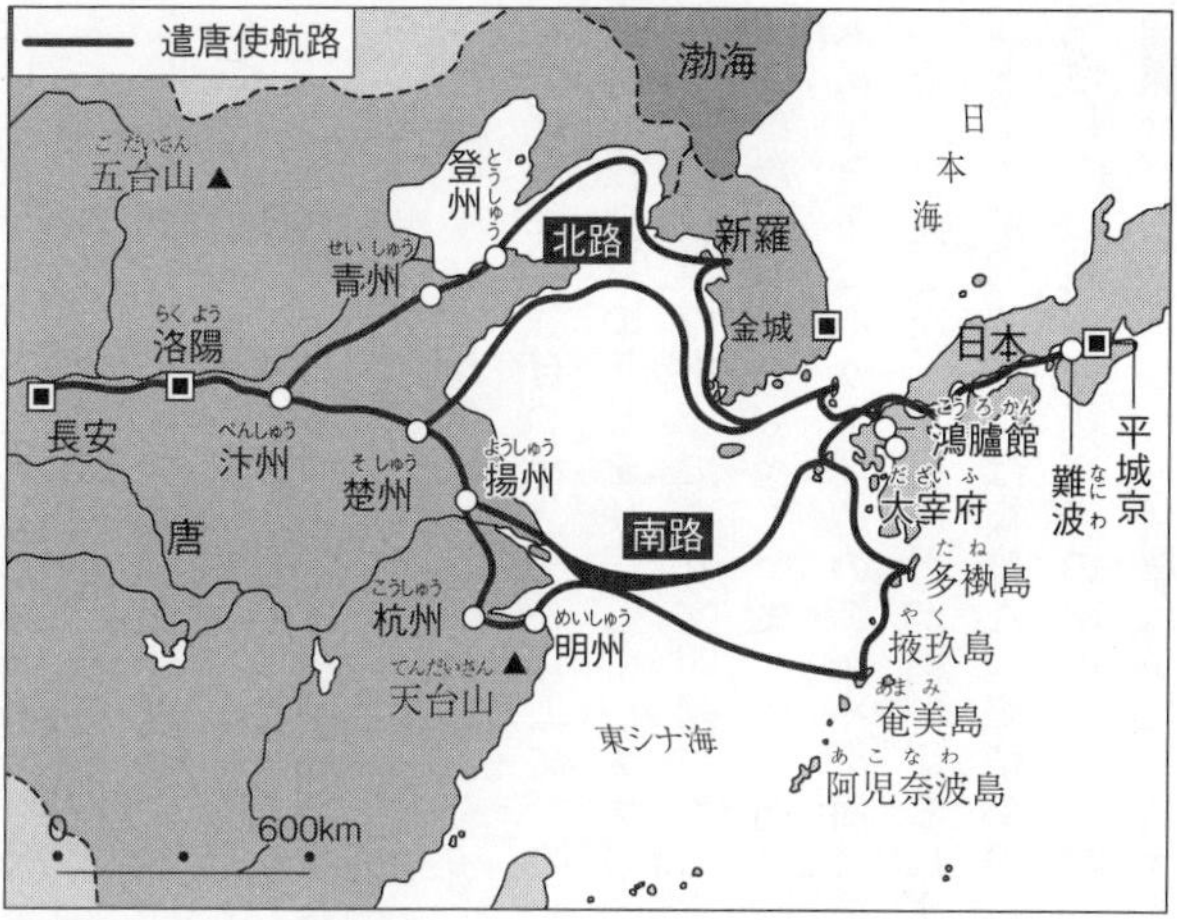

遣唐使のルート

発展させました。八世紀に入ると、日本は二十年に一度、大規模な遣唐使を派遣して、唐文化の積極的な摂取に努めるようになります。遣唐使は四隻の船に分乗したため「四つの船」ともよばれ、時には五百人を超えることもありました。

遣唐船には、地図に描かれているように、難波を出発して瀬戸内海を進み、関門海峡を抜けた後、二つのルートがありました。それは、朝鮮半島を伝う北路と、東シナ海を渡る南路です。より安全なのはもちろん北路ですが、八世紀以降の遣唐使は南路を利用しました。その理由は、新羅との関係悪化です。

しかも、出航は夏でした。夏から秋にかけては台風のシーズンです。ただでさえ危ないのに、どうしてわざわざ天候が不安定な時期を選んだのか。それは、正月に都長安でおこなわれる朝賀に参列し、皇帝を祝《しゅく》すためでした。夏に出発しないと正月には間に合わなかったのです。日本は、唐の冊封は受けていませんでしたが、実質的には臣従して朝貢しているという、ダブルスタンダードだったのです。それは次の事例からもわかります。

二〇一八年、日本の年号は、平成ですね。当時、年号を定めることは主権者の特権であり、独立国であることを示すものでした。中国の冊封を受けた国は、従属国ですから中国の暦と年号を使わなければなりません。そのため、中国の冊封を受けていた新羅は、七世紀半ば以降、独自の年号を使用していないのに対して、日本では、大宝元年から今日まで、継続的に独自の年号を使用しています。

中華は世界の中心であり文明国であると考えられ、唐は、夷狄《いてき》である周辺諸国を従属国とする帝国構造をもっていました。同じ時期、日本もこれと同じ構造を持っていたのです。天皇は皇帝であり、周辺の新羅や渤海《ぼっかい》は従属国である蕃国《ばんこく》という位置付けでした。

「そんな莫迦な。新羅などが納得するはずがない」と思うかもしれません。

ところが、ここには複雑な国際情勢がからんでいるのです。

白村江の戦いの後、唐の勢力を追い出して半島を統一した新羅でしたが、当然、唐との関係は緊張しました。新羅は唐に対抗するため、日本との間にさかんに使節を往来させ、八世紀初めまでは、日本に臣従する形をとりました。

渤海は、東満州・沿海州に栄えた靺鞨《まっかつ》と唐・新羅に滅ぼされた高句麗の遺民とが、七世紀末に建国した国です。こちらも唐・新羅に対抗するために、日本に頻繁に使者を派遣し、臣従する形をとりました。

その後、新羅と渤海は、どちらも唐と戦った時期を乗り越えて、冊封を受けることに成功します。唐と和解し、国力を高めた新羅は、日本に対等関係を求めるようになりましたが、日本はこれを認めず、従属国扱いを貫きました。これによって日本と新羅の関係は悪化し、先にも述べたように、遣唐使のルートが、より危険な南路になったのです。八世紀後半には、時の政権担当者であった藤原仲麻呂が、「新羅が日本の使節に無礼をはたらいた」として大規模な新羅征討戦を準備しました。その背景には、安史《あんし》の乱（安禄山《あんろくざん》・史思明《ししめい》の乱）による国際的緊張がありました。しかし、この計画は仲麻呂と孝謙上皇との不仲という、国内の政治事情によって実現しませんでした。

これだけを見ると、日本と新羅はぎくしゃくした関係が続いていたように思えますが、実は日本から新羅に派遣された使節は、正式なものだけでも、六六八年の天智朝の時から奈良時代末の七七九年までの約百十年間で、二十四回を数えました。平均して四・五年に一度の割合であり、遣唐使よりもずっと多いのです。両国の関係が悪化した後も、民間交易には力を入れており、交流は唐よりも質・量ともに盛んでした。聖武天皇遺愛の品々とされる正倉院宝物は、一般に「遣唐使によってもたらされた」と言われます。しかし、実際には新羅の商人が仲介したものも多いと考えられています。日本にとって新羅は、唐の先進文化をすぐに吸収できる場所にあり、尚かつ、日本との距離も近かったので当然ともいえます。

新羅との交流が盛んであったことをうかがわせる、こんな資料もあります。

君が行く　海辺の宿に霧立たば　吾《あ》が立ち嘆《なげ》く　息と知りませ

（『万葉集』巻十五の三五八〇）

あなたが行く海辺の宿に霧がたったなら、それは私があなたのことを案じて、帰りを待ちわびて、立って嘆いているため息だと思ってくださいね

詠み手は、「遣新羅使人の妻」とのみ記されています。七三六年に派遣された遣新羅使人に関する歌です。奈良時代に編纂された『万葉集』の巻十五には、このような歌が、百四十五首も載せられているのです。

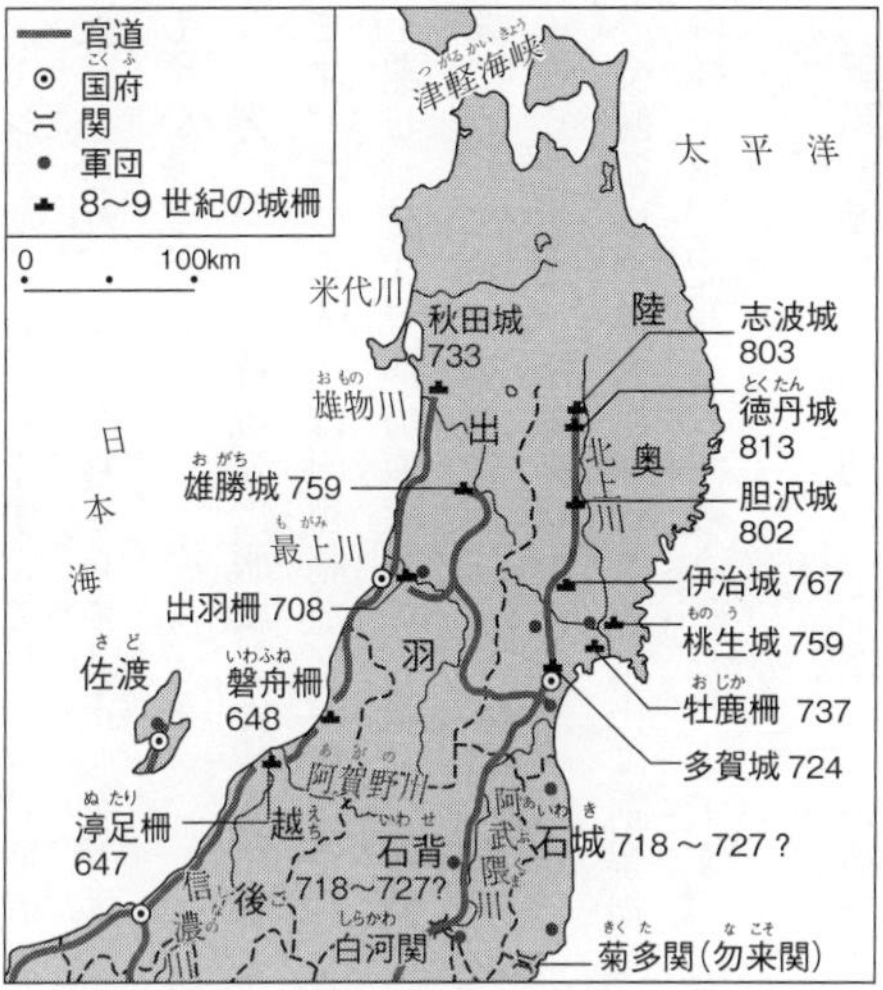

領域の拡大

†領域の拡大

国内においても、この日本を中華とする構造は同じでした。東北地方の蝦夷《えみし》、九州南部の隼人《はやと》を異民族（夷狄）として服従させ、支配領域を拡大していきました。蝦夷は征討の対象とされ、乙巳の変後には、佐渡島の対岸あたりに渟足柵《ぬたりのさく》・磐舟柵《いわふねのさく》の二つの城柵が設けられました。東北経営は、日本海側を北上するかたちで進みます。それは、国防面などから大陸に面している側の整備を優先したからです。

太平洋側に進出したのは、乙巳の変からほぼ八十年後の七二四年、聖武天皇が即位した年でした。まず、現在の宮城県仙台市近くに多賀城が築かれます。多賀城は、前線基地としての鎮守府のみでなく、政庁として陸奥国府もおいていました。北九州で政治・外交を担った大宰府の東北版とイメージするとわかりやすいでしょう。聖武天皇から藤原仲麻呂の時代は、積極的な蝦夷政策がとられ、ここからさらに北上して、城柵を設けて関東の農民を植民させ、領域を拡大していきました。

一方、天武・持統朝に服属した隼人に対しては、八世紀はじめに薩摩国と大隅国をおきます。この両国には田租制などが施行されないかわりに、六年交代で朝廷に朝貢することを課し、交代で都にのぼって、朝廷の警備にあたった者の一部は、朝賀にも参列させられました。これらの事例から、いかに「朝廷は、夷狄を服属させる中華である」と、内外に示そうとしていたかがわかります。

支配領域の拡大は、日本の文化に副産物をもたらしました。それは、東国の人々の生活の様子が、記録として残されたことです。『万葉集』には、こんな歌もあるのです。

所聞多禰《かしまね》の　机《つくえ》の島の　小螺《しただみ》を　い拾《ひり》ひ持ち来て　石もち　つつき破り　速川《はやかわ》に　洗ひ
濯《すす》ぎ　辛塩《からしお》に　こごと揉《も》み　高坏《たかつき》に盛り　机《つくえ》に立てて　母に奉《まつ》りつや　めず児《こ》の刀自《とじ》
父に献《まつ》りつや　みめ児《こ》の刀自《とじ》
（巻十六の三八八〇）

机島のしただみ貝を拾いとって、石でつつきやぶって、早川できれいに洗って、辛塩でキュッキュッともんで、高坏に盛って、食卓にのせて、まずお母さんにさしあげたかい？　かわいいぼくのおヨメさんよ。次いでお父さんにさしあげたかな、かわいいぼくのおヨメさんよ

机島は能登にある島です。「これは〝文学〟とはおよそ無縁の郷土の日常生活の歌声」だと万葉集研究の第一人者であった犬養孝先生は言われました。「子どもたちの間の童歌とみるべきだろう。子どもたちは歌う間に調理を覚え、やがて〝めず児《こ》の刀自《とじ》〟になっていくのだ」と。

アジア太平洋戦争に負けた後、日本に進駐したGHQは、五大改革指令の一つとして「婦人の解放」を指示します。日本史の教科書には、「婦人参政権の付与」とされています。さらにGHQは、アメリカ映画のように男女が人前で抱き合ったり、キスをしたりする映画を作るよう求めました。それは、日本女性は男性から抑圧されてきたために、恋愛表現が下手なのだと考えたからです。

でも、これらの歌をみて、女性たちの恋愛表現が下手だと思いますか。男性が女性を抑

圧していたと感じますか。

東国の庶民の歌である東歌《あずまうた》二百三十首のなかには、次のような歌もあります。

信濃《しなの》なる　千曲《ちぐま》の川の　細石《さざれし》も　君し踏みてば　玉と拾《ひろ》はむ　（巻十四の三四〇〇）

千曲川の小石でも、あなたが踏んだものなら、宝石として私は拾います

どこにも「好きだ」とか「愛している」などの直接的な言葉は使われていません。しかし、その切なさや、愛おしさが痛いほど伝わってくる。この「奥ゆかしさ」は、日本の誇るべき文化なのだとぼくは思います。

†藤原氏の台頭と鎮護国家思想

奈良の大仏が聖武天皇の発願によって造立されたことは、小学校の教科書にも掲載されています。たとえば、次のように記されています。

平城京に都が移ってしばらくたったころ、病気によって平城京の多くの人々がなく

なり、全国各地で災害や反乱が次々に起こるなど、社会全体に不安が広がっていました。このころ位についた聖武天皇は、政治を安定させるために平城京から恭仁京《くにきょう》（京都府）、難波宮《なにわのみや》（大阪府）、紫香楽宮《しがらきのみや》（滋賀県）、そして平城京へと次々と都に移しました。また、いっこうによくならない世の中をなげいていた聖武天皇は、仏教の力で社会の不安をしずめて国を治めようと願い、七四一年にばく大な費用をかけて国ごとに国分寺を建てることを命じました。そして、七四三年には大仏をつくる詔（天皇の命令）を出しました。
（『新編新しい社会6　上』東京書籍、三十二〜三十三頁）

ここには、大仏をつくろうとした理由がはっきりと書かれています。疫病の流行（具体的には天然痘）と相次ぐ災害や反乱に対して、仏教の力で社会の不安をしずめて国を治めようと願ったのです。このように、為政者が篤く仏教を信じることで国を治めようとする思想を鎮護国家《ちんごこっか》思想といいます。

さて、奈良時代の政争は、大学入試の「鉄板ネタ」です。高校時代、語呂合わせで覚えた人も多いと思います。いろいろなものがありますが、今、ぼくが「一番うまい！」と思っているのは、これです。

ふなっしーもなんども
（藤原不《ふ》比等→長《な》屋王→藤原四《し》子→橘諸《も》兄→藤原仲《な》麻呂→道《ど》鏡→藤原百《も》川）

ぼくの作品ではなく、ぼくの勤務校で教育実習をおこなった村上拓也さんが考えました（ふなっしーがいつまでもみなさんの記憶に残っていれば良いのですけど）。

奈良時代の政治は、藤原氏（不比等・四子・仲麻呂・百川《ももかわ》）と皇族（長屋王・橘諸兄《たちばなのもろえ》）が交代で政権を担当しますが、僧の道鏡は例外と覚えておいてください。

藤原四子は長屋王を冤罪で自殺に追いやり、藤原仲麻呂は、橘諸兄の子奈良麻呂をクーデターの罪で排除して専制政治をおこなったため、奈良時代の政治史において、藤原氏は悪役のイメージがあるのではないでしょうか。

ここでは、この藤原氏を軸にして、奈良時代の政治を振り返ってみようと思います。

藤原四子は、武智麻呂《むちまろ》、房前《ふささき》、宇合《うまかい》、麻呂《まろ》という藤原不比等の四人の息子たちです。彼らの子孫は、それぞれ南家、北家、式家、京家とよばれます。聖武天皇の妃であった妹の光明子を皇后に立てるために、七二九年に反対する左大臣長屋王に謀反の罪をきせて自害に追い込み、政権を握りました。四子は、この「長屋王を殺害した」ことばかりが取り上げられがちなのですが、彼らは決して最初からエリートコースに乗っていたのではありません。

壬申の乱に勝利した天武天皇の朝廷で、中臣氏（藤原氏）は、朝廷の中枢から一掃されました。鎌足の息子不比等は、乱の時にはまだ十三歳であったため、乱への関与はなかったとして処罰は免れましたが、下級官人からスタートすることになりました。その長男である武智麻呂の最初の任官は、内舎人《うどねり》という官僚見習いに過ぎません。それでも彼ら四兄弟は、それまでの有力な氏族から一人ずつが選ばれて公卿《くぎょう》となり、政治に参加するという慣習を打ち破って、四人全員が議政官にのぼったのです。

なぜそんなことが可能だったのか？　律令制度とは「能力で選ばれた官僚が、法に基づいて中央集権政治をおこなう」制度です。この時代、官僚に求められたのは儒教的学識でした。藤原四子は、律令制度のもとでの官僚原理の何たるかを理解していて、みんなで努力して、儒教的学識を備えた官僚的政治家となっていたと考えられます。そこには、父不比等が大宝律令制定の中心人物であったことも、強く影響していたでしょう。平安時代の学習では当たり前のように受けとめられる藤原氏による高位高官の独占も、もとをたどれば、逆境のなかでの四人の兄弟の努力から始まったことは、注目すべきことだとぼくは思います。

七三七年、天然痘が大流行し、大勢の太政官が亡くなり、藤原四子もその犠牲となります。四子の死後、皇族出身の橘諸兄が権力を握ると、唐から帰国した吉備真備《きびのまきび》と玄昉《げんぼう》が聖武天皇の信任を得て活躍しました。一方の藤原氏は、公卿がかろうじて一人という事態に陥ります。このような状況下、藤原四子の一人宇合の子であった式家の広嗣が、真備と玄昉の排斥を求めて九州で挙兵するのです。動揺した聖武天皇は、伊勢・美濃へ行幸します。これは、壬申の乱の時、天武天皇がこれらの地をまわって東国の兵を集め、乱に勝利したことにならったものです。乱の平定後も、聖武天皇は、恭仁京・難波京・紫香楽宮と次々と都を移すようになります。

さて、ここまでの文章でなにか気がつくことはありませんか？　先ほど引用した東京書籍の小学校の教科書には、恭仁京・難波宮・紫香楽宮と記されているのに、ぼくは恭仁京・難波京・紫香楽宮と書きました。実は、現在（二〇一八年）、宮都の表記については、教科書によって違いがあるのです。山川出版社が刊行している教科書のなかでも、『詳説日本史B』では〝難波宮〟ですが、『新日本史B』では〝難波京〟となっています。従来、難波宮という表記が一般的でしたが、近年、調査が進み、聖武天皇のころには京域が敷かれていたという研究結果がだされているのです。ぼくは、今後は難波京という表記に統一されていくのではないかと考えており、あえて難波京としました。歴史の研究は日々進歩しており、新しい成果によって、教科書の記述内容が変わることがあります。それも、歴史を学ぶおもしろさだといえるでしょう。

†天平の彫刻

聖武天皇は、恭仁京で国分寺・国分尼寺建立の詔を発し、金光明経《こんこうみょうきょう》・法華経を写経させたり、読経させたりしました。金光明経・法華経は、鎮護国家の経典です。さらに紫香楽宮で大仏造立の詔をだして、盧《る》舎那《しゃな》仏《ぶつ》の造立を始めます。大仏の造立は、平城京に還都されると再開され、七五二年、聖武の娘である孝謙《こうけん》天皇のもとで開眼《かいげん》供養が行われました。なぜ聖武天皇の時ではなかったかというと、実は、聖武はこの三年前、在位のまま出家していたのです。聖武上皇は、その二年後の七五四年に平城京に到着した鑑真から、東大寺大仏殿前に築かれた戒壇にて、正式に戒律を授かりました。唐招提寺に伝わる鑑真像（国宝）は、日本最古の肖像彫刻とされています。

鑑真像
出典：『原色版国宝 1』上古飛鳥奈良 1、毎日新聞社

そして、この時、聖武上皇が戒律を授かった戒壇が、現在の東大寺戒壇堂（戒壇院）へとつながっていくのです。東大寺戒壇堂には、四天王像（国宝）が置かれています。

ぼくは学生時代、この四天王像を見て一目惚れしました。忿怒相の持国天や増長天もさることながら、内なる激情を抑えているような深い表情を示す多聞天、広目天に惹かれました。と言いたいところなのですが、実は、踏まれている邪鬼の表情に惚れたのです。四天王像はたくさんありますが、これほど感情のこもった表情をしている邪鬼を見たのは初めてでした。無念さ、反骨心、そして諦めの複雑に混じった顔をしている邪鬼。それを踏みしめている四天王に、一種の哀しみを見たような気がしました。みなさんにどのように

東大寺戒壇堂四天王像広目天
© 飛鳥園、東大寺所蔵

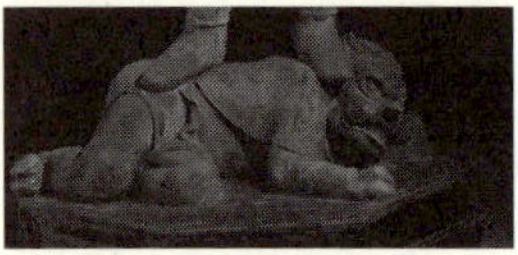

広目天に踏まれている邪鬼
© 飛鳥園、東大寺所蔵

見えるかはわかりませんが、一見の価値はあると思います。

†悲劇の宰相藤原仲麻呂

聖武天皇が退位したあと、光明皇太后と結びついて権勢をふるったのが藤原仲麻呂です。仲麻呂は、藤原四子の長男武智麻呂の次男です。父の武智麻呂は、大学制度の設立に尽くすなど、文教行政面で功績を残した人物であり、自身も深い教養の持ち主でした。そして息子の仲麻呂も学問に励み、次男であったこともあり、若い時は政治家というよりも学者タイプであったようです。その仲麻呂を政治の世界へ引き込んだのは、先に述べた天然痘の大流行でした。多くの官人が病死し、人材がいなくなったのです。父の急死は、学問好きの青年の人生を大きく変えたのでした。

まず仲麻呂は、唐を模倣した儒教的政策を進めました。教科書に書かれているのは、官職名を中国風にしたことぐらいですが、「民の苦しみを問う」ことを目的に問民苦使《もみくし》を派遣したり、東国からの防人の派遣を停止したり、雑徭《ぞうよう》を半減するなどの儒教的な徳治政治をおこなっています。また、調庸を都に運ぶ運脚夫に食料や医薬を供給して無事に本国に帰れるように命じ、この措置を怠った官人には厳罰で臨みました。問民苦使の派遣も形式的なものではなく、有能な官吏を地方に派遣し、民衆の訴えを取り上げて報告・上申させ、実際の政策にも反映させていきました。

　仲麻呂の前の橘諸兄の時代は、藤原不比等が主導したころの政治に比べて、律令体制の推進という観点からみれば、消極的・後退的であったことは否めません。それに比べて仲麻呂は、不比等以来、藤原氏が目指してきた律令制度の確立を目指したとも言えます。

　さらに、仏教にも強い関心をもっており、大仏造立を支援しました。大仏造立の詔が出されたときの太政官の首班は、橘諸兄でした。のちに諸兄の息子である橘奈良麻呂の変が起こった際、奈良麻呂は勅使に「何が原因で逆謀を企てたのか」と問われて、「仲麻呂の政治がはなはだ無道であるため、挙兵して事実を明らかにしようとした。無道な政治の内容としては、東大寺の造営に人民が辛苦し、諸氏の氏人も憂苦している」とこたえています。この返答に対しては、勅使から「東大寺の造営はおまえの父諸兄の時から始まった事業ではないか。それを今更、おまえが言うのはおかしくないか」と切り返され、返答に窮した奈良麻呂は、ついには自らの非を認めています。ただ、東大寺の造営などの仏教保護政策下における大事業が、聖武天皇の思惑とは異なり、国家財政への大きな負担となったことは事実でした。

　この橘奈良麻呂の変は、謀反のでっち上げではなく、実際にあった反仲麻呂派による挙兵計画でした。この動きは早くから朝廷にも伝わっており、孝謙上皇が詔を発して自重を促したり、光明皇太后が群臣をよんで諭すなど、穏便に解決しようという努力がおこなわれていました。しかし、奈良麻呂一派に参加を誘われた者たちによる密告が続くなか、ついに仲麻呂は強攻策にでて、陰謀に加わった者たちを拘束し、結果、首謀者たちを拷問によって殺害するのです。

ぼく個人の感想としては、奈良麻呂一派は、天下国家を謀るにしては脇が甘すぎる気がします。まさに、司馬遷の『史記』にある〝鴻門《こうもん》の会〟での范増《はんぞう》の「ああ、豎子《じゅし》ともに謀るに足らず」の心境です。

橘奈良麻呂の変の後、仲麻呂が宴席で詠んだ歌が『万葉集』に残されています。

いざ子ども　狂《たは》わざなせそ　天地《あめつち》の堅《かた》めし国そ　大和島根《やまとしまね》は　（巻二十の四四八七）

さあ、諸君！　莫迦なことをするなよ。この大和の国は、天地の神々が造り固めた国なのだぞ

莫迦なこととは、橘奈良麻呂の変をほのめかしています。これを受けて、天皇の群臣たちを子ども扱いして警告を発するなど、仲麻呂の横暴さが現れていると評している人もい

ますが、ぼくは少し違うと思います。「いざ子ども」という表現は、遣唐使として唐に滞在中だった山上憶良（『貧窮問答歌』で有名）が、「さあ、みんな、早く国へ帰ろう」と歌った時にも使われています。ここは、政権を担当する者として、「みんな、しっかりしよう」ぐらいの意味だったと考えます。

しかし、その後、仲麻呂は、死んだ長男真従《まより》の妻だった女性と結婚させることで、深く結びついていた大炊《おおい》王《おう》を淳仁《じゅんにん》天皇として即位させます。さらには、天皇から〝恵美《えみ》〟の二字を姓に加えられて、自らは〝押勝《おしかつ》〟の名を賜わり、〝藤原恵美〟家の〝押勝〟となったあたりから、仲麻呂は本当に慢心したようです。

七六〇年、仲麻呂の後ろ盾であり、孝謙と淳仁との仲介役でもあった光明皇太后が死去すると、孝謙と淳仁との間で、皇権の争奪が起こります。七六二年から孝謙上皇は、自らの病気を治癒させた道鏡を寵愛するようになりました。淳仁天皇は、この孝謙の道鏡寵愛を絶えず批判したようで、ついに両者は決裂状態となります。孝謙は、詔を出して淳仁を激しく非難して、こう告げました。

淳仁はただ常の祀りや小事をおこなえ。国家の大事と賞罰の二つは私がおこなおうこの時代、上皇は、〝御隠居様〟ではなく、天皇と同格の政治権力を持っていたのです。事実、仲麻呂の乱に際しては、両者の間で、皇権の発動に必要な鈴印の争奪戦がおこなわれています。また、儒教的政治を進める仲麻呂に対する、僧侶たちの反発も強まっていました。

追い詰められた仲麻呂は挙兵します。しかし、吉備真備を参謀とする孝謙側の読みと動きは素晴らしく、行く手に常に先回りをされます。緒戦に敗れて、淳仁天皇を同伴することができなかった仲麻呂は、新たに天皇を擁立して対処しようとしますが、孝謙は仲麻呂討伐に褒賞をかけて、味方を募りました。

結局、仲麻呂は琵琶湖のほとりで敗死します。彼に従っていた妻子たちも、ことごとく斬首されました。

†仲麻呂政権と宇佐八幡宮神託事件の持つ意味

仲麻呂の乱の後、淳仁天皇は廃されて淡路へ流され、孝謙上皇は重祚して称徳天皇となりました。道鏡は太政大臣禅師、さらに法王となって権勢をふるい、西大寺の造営や百万塔の造立など、仏教政治をおこないました。そして、道鏡に皇位を継がせるべきだとの神託があったとされる宇佐八幡宮神託事件がおこります。この企ては、和気清麻呂《わけのきよまろ》らによって阻止され、称徳天皇が死去すると、道鏡は下野《しもつけ》薬師寺別当（現栃木県）を命ぜられ、その地で没しました。次の天皇には、天智天皇の孫である光仁天皇が即位しました。

道鏡は、これほど天皇に寵愛されたため、天皇と姦通していたという説や巨根説などが唱えられました。しかし、これらは後世にいわれたもので、信頼できる一次史料で確認することはできません。この事件の真相については、様々な説がだされています。ぼくは、事件の首謀者は称徳天皇自身であり、被指名者が皇族ではないという問題点を克服するために神託を利用したという説に賛成です。理由は、称徳天皇は、天武天皇系皇統の嫡流であるという立場を堅持し続けて、淳仁天皇の時代から皇位継承者の選任権を手放さなかったこと。また神託事件の後も、継承者は自分が決めると強調していることなどです。

一方で、一介の僧侶が皇位に接近し、皇嗣となろうとしたのは極めて異常な出来事だとする見方に対して、歴史的に必然なものとして理解できるという意見もあります。岸俊男氏は、その著書『藤原仲麻呂』のなかで、道鏡を仲麻呂と対比させて、次のようなことを述べています。

仲麻呂は、青年時代にそれまで皇族以外には許されなかった皇后の地位に、一族の光明子が就くのを経験した。官人となってからは、その光明皇后が聖武譲位のあとをうけて国政を担当するのを補佐し、ついには自身や一族を皇族と一体化して意識する傾向をしだいに強めていった。仲麻呂は、死んだ長男真従の妻だった女性と結婚させた大炊王を淳仁天皇として即位させ、最後には別の天皇を擁立して、自分の子息たちには皇族と同じ品位を与えた。仲麻呂には自らが皇位に就く野望はなかったらしいが、彼の天皇観は大きく変質していたに違いない。道鏡の事件は、このような仲麻呂への対抗意識から、仲麻呂の到達した天皇観を一歩進めて、道鏡自らがそれを実現しようとしたに過ぎなかったのではないか。

本当のところはわかりません。ただ、一つ確かなことは、逆賊として誅殺された仲麻呂が、当時、最新であった唐の政治制度や文化を、積極的に取り入れようとしていたことです。この唐のシステムの積極的導入は、続く平安時代初期に、天皇自身による政治改革として実施されていくのでした。

†世界最古の印刷物

最後に、この時間の後半部の主人公とも言える藤原仲麻呂と称徳天皇(孝謙上皇)にゆかりの文化財、百万塔陀羅尼《ひゃくまんとうだらに》を紹介します。

百万塔陀羅尼（手前は鉛筆）
愛媛県立大洲高校所蔵

仲麻呂の乱の後、戦死した将兵の菩提を弔うとともに、鎮護国家を祈念するために、称徳天皇の発願でつくられた百万基の木製三重塔（百万塔）のなかに収められた陀羅尼経です。年代の明白な世界最古の印刷物でもあります。十万基ずつ法隆寺や東大寺、西大寺、興福寺、薬師寺などに奉納されたとされますが、多くは戦火や天災などで失われ、明治時代まで伝え得たのは法隆寺のみでした。それが今、各地にあります。明治初年、神仏分離令で財政的に苦しくなった法隆寺が、寄付金の見返りに頒布したからです。

ぼくが初めて本物を見たのは、長期出張中に訪れたシカゴの博物館でした。そのプレートには「世界最古の印刷物」と記されていました。

法隆寺に残されている保存状態の良いものは国の重要文化財として陳列ケースのなかに並べられていますが、大学や個人にも所有されています。写真のものは、愛媛県立大洲《おおず》高校が所蔵しているものです。保存状態から国の文化財には指定されていません。それでも一二五〇年前に印刷された陀羅尼経はきれいでした。非業の最期を遂げた仲麻呂に思いを寄せながら触った小さな塔は、不思議な重さを感じさせました。

三時間目▼

貴族社会を変えた大帝嵯峨天皇の改革

――唐風かぶれにはわけがある！

平安時代初期

✝嵯峨天皇を知っていますか

嵯峨《さが》天皇という人を知っていますか？　平安時代初期の西暦八〇〇年代前半の人物です。

受験日本史では、嵯峨天皇というと、まず「蔵人のさけび！」の語呂合わせでしょう。蔵人頭《くろうどのとう》と検非違使《けびいし》は嵯峨《さが》天皇が設けた令外官《りょうげのかん》（律令官制に定められていない新しい官職）を覚えるためのものです。この役職は、その後の律令国家に重要な意味をもたらしました。

嵯峨天皇といわれて、「三筆の一人」と思いついた人もいたでしょう。彼は、空海・橘逸勢《はやなり》と並び称される唐風の書の名手でもありました。ほぼすべての教科書に掲載されている、真言宗の開祖空海が最澄に宛てた手紙である「風信帖《ふうしんじょう》」と同様に、嵯峨天皇の宸筆で

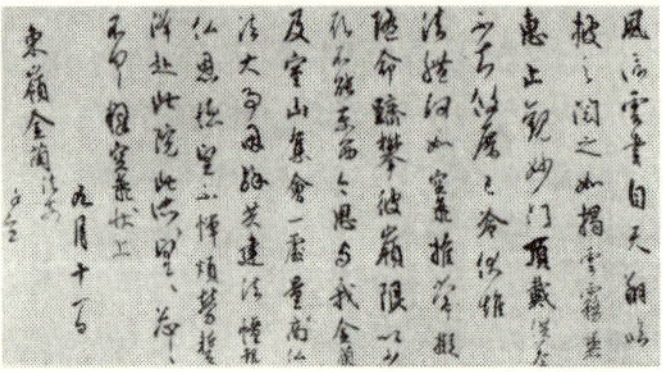

風信帖

出典：文化庁監修『国宝 11』　書跡Ⅲ、毎日新聞社

ある「光定戒牒《こうじょうかいちょう》」も国宝に指定されています。さらには、漢詩文にも造詣がありました。

この嵯峨天皇、これほどの人物なのに、一般的には平安京に遷都した桓武天皇に比べて影が薄いように感じます。しかし、その即位から死去までの事績は、多岐にわたっており、教科書に記されている関係のあるものを、ざっと箇条書きにするだけでも、

政治面　蔵人頭《くろうどのとう》設置（初代藤原冬嗣）・平城太上天皇の変・検非違使《けびいし》設置

法制面　『弘仁格』『弘仁式』編纂・『令義解《りょうのぎげ》』完成

儀礼面　勅撰儀式書『内裏式』による儀礼の唐風化・平安宮の建物の名称を唐風化・年中行事の成立

文化面　唐様《からよう》の書　空海『風信帖』（三筆）

漢詩文　勅撰漢詩集『凌雲集《りょううんしゅう》』『文華秀麗集』『経国集』編纂・空海『性霊集《しょうりょうしゅう》』（漢詩集）

教育　藤原氏の勧学院などの大学別曹《だいがくのべっそう》設置

となり、受験生を苦しめます。しかし、これらの一見、バラバラのように思える内容は、すべてつながっているのです。

三時間目は、平安時代初期に嵯峨天皇がおこなった改革の、歴史的意義を考えていこうと思います。

†平城太上天皇の変

桓武天皇は、道鏡によって進められた仏教政治の弊害を除くため、七八四年に長岡京へ遷都し、その造営を進めていました。ところが、造営の責任者であった藤原種継《たねつぐ》が暗殺される事件が起こります。この事件に、皇太弟であった早良《さわら》親王が関わっていたとされ、親王は淡路島に送られることになりました。親王は、絶食をして兄帝に無実を訴えます。しかし、桓武はその訴えを認めず、ついに早良親王は餓死しました（故意に食事、水を与えず餓死させたとの説もあります）。ここから長岡京には天変地異が続き、天皇の関係者が次々と死亡する事態となりました。早良親王は、日本最大の怨霊の一人となったのです。その怨霊から逃れるために、七九四年、平安京への遷都がおこなわれました。

二〇〇一年に、野村萬斎さんが主人公安倍晴明を演じた『陰陽師』という映画が公開されました。その映画は、封じ込めた早良親王の怨霊が蘇らないかを監視するために、親王の恋人だった女性が、人魚の肉を食べて不老不死の八百比丘尼《やおびくに》となるセピア色のオープニングから始まります。実はこの早良親王の怨霊、八一〇年に起こる平城太上天皇の変にも影響を与えたといわれます。

桓武天皇の次の天皇には、皇太弟であった早良親王がつくはずだったのですが、廃されたため皇太子となったのが、のちの平城《へいぜい》天皇でした。東宮であった平城のもとに、暗殺された藤原種継の孫娘が、東宮妃として入内してきます。妃の母親として宮中に入り、高級女官となったのが藤原薬子《くすこ》でした。ところが平城は、娘よりもその母親であった薬子を寵愛するようになりました。桓武天皇は激怒し、薬子を追放しますが、八〇六年、桓武が死去し、平城が即位すると、薬子は再び召されて尚侍《ないしのかみ》（天皇から太政官への命令書を発給できる天皇側近の女官）となりました。

天皇の寵愛を一身に受けた薬子は政治に介入するようになり、薬子の兄の藤原仲成とともに権力を握るようになります。それでも即位当初の平城天皇は、政治に意欲的に取り組み、政治・経済の立て直しをはかりました。

ここで、先ほど述べた早良親王の怨霊の登場です。平城が病気になったのです。病気の原因を早良親王の祟りだと恐れた天皇は、在位わずか三年で、桓武の息子であり、皇太弟であった嵯峨に譲位します。そのためではないとも思われますが、譲位後実際、平城の病気は治癒しました。

八一〇年初め、嵯峨と対立した平城太上天皇は、愛してやまなかった旧平城京に移り住み、重祚（天皇への返り咲き）をはかるようになります。一方、嵯峨天皇は、同年三月、天皇の機密文書を扱う蔵人所《くろうどどころ》を設置し、初代蔵人頭に厚く信任していた藤原冬嗣（北家）らを任命しました。平安京と平城京の二所朝廷という事態となったのです。同年九月六日、平城太上天皇は平城京への遷都の詔を出し、政権の掌握をはかります。これは二時間目に「上皇は、〝御隠居様〟ではなく、天皇と同格の政治権力を持っていた」と記したとおりです。ここから一週間の軍事力をともなう攻防戦の結果、平城側は敗北し、藤原仲成は射殺され、平城太上天皇は出家、薬子は毒を仰いで自殺しました。

以前、この事件は「薬子の変」とよばれていました。それは、「藤原薬子という稀代の悪女」が、政治権力奪回のために、彼女を寵愛していた平城太上天皇をそそのかして起こした事件という認識が、一般的であったためです。しかし、現在では「律令制下の太上天皇制度が、王権を分掌していることが原因で起こった事件」との評価がなされるようになり、「平城太上天皇の変」というようになりました。

†嵯峨天皇が目指したもの

平城太上天皇の変に際して設けられた蔵人頭は、その後、天皇の側近として宮廷で重要な役割を果たすことになります。また、同じく嵯峨天皇によって設置された検非違使は、平安京内の警察に当たるものでしたが、のちには裁判もおこなうようになり、京の統治を担う重要な職となっていきました。検非違使は、「非違（非法、違法）を検察する天皇の使者」という意味であり、蔵人頭と同様に天皇直属です。嵯峨天皇が、官制の再編によって天皇権力の強化をはかったことがうかがえます。

法制面について六十二頁にあげた嵯峨天皇の事績の一覧では、『弘仁格』『弘仁式』編纂と『令義解』完成があげられています。『弘仁格』の「格」は、律令の規定を補足・修正したもの。『弘仁式』の「式」は、規定の施行細則です。『令義解』は、清原夏野《きよはらのなつの》らによって編まれた、令の解釈を公式に統一したものです。これらのもつ意味について、教科書には次のように書かれています。

> 嵯峨天皇のもとでは、法制の整備も進められた。律令制定後、社会の変化に応じて出された法令を、律令の規定を補足・修正する格と施行細則の式とに分類・編集し、

弘仁格式が編纂された。これは、官庁の実態にあわせて政治実務の便をはかったもので（略）

（『詳説日本史B』山川出版社、六十三頁）

嵯峨天皇の狙いは、法制の整備を進め、官庁の実態にあわせて政治実務の便をはかることでした。

また、儀礼面と文化面には、明らかに共通しているものがあります。

それは、すべて

唐風化

という点です。格式でも、中国化した儀礼のあり方が規定されました。勧学院などの大学別曹は、有力貴族が一族子弟の教育のために設けた寄宿舎ですが、この時代、特に重視されたのは、儒教を学ぶ明経道《みょうぎょうどう》や、中国の歴史・文学を学ぶ紀伝道《きでんどう》（文章道《もんじょうどう》）でした。

では、なぜ、ここまで唐をモデルにしたのでしょうか。

唐の律令制度の特徴を一言でいうと、次のように言えるでしょう。

皇帝の権力が強い

当然、皇帝の権威も高いです。桓武天皇以降、律令制の再建を目指すなかで、律令制度の母国である中国の文物・制度を、改めて積極的に取り入れようとする動きが生まれました。そのなかには「文章経国《もんじょうけいこく》」という政治思想がありました。「文章は経国の大業」、詩文が作られて文学が栄えることが国家経営の大業につながり、ひいては国家・社会の平和と安定につながるとする思想です。勅撰漢詩集の一つである『経国集』は、まさにそのままのネーミングです。

嵯峨天皇が、文学・学問に長じた文人貴族を政治に登用して、国家の経営に参加させる方針をとったため、貴族は教養として漢詩文をつくることが重視され、漢文学がさかんになりました。これにより、日本人は漢字文化に習熟して、漢文を自らのものとして使いこなすようになりました。実は、このことが、のちの国風文化の前提となるのです。時々、「菅原道真の建議で遣唐使が廃止されたことによって、日本独特の国風文化がおこった」という話を聞くことがありますが、これは誤りです。菅原道真の提案でその時の派遣は中止され、その後、間もなく唐は滅亡します。しかし、唐が滅んだ後も、中国の商人は来航して、中国の文化を伝えています。あくまでも国風文化は、それまで長い期間をかけて受け入れてきた大陸文化を踏まえて、その上に日本人の好みや心情を加え、日本の風土にも合うように工夫してつくりだされたものです。

以上をまとめると、次のようになります。

嵯峨天皇の時代は、天皇の権力・権威を高めるために、皇帝の力が強い唐の制度や文化の積極的導入がはかられた。天皇直属の令外官の設置や、法制の整備によって政治実務の便がはかられて官僚制が充実し、天皇権力が強化された。また、唐風の儀礼を導入することで、天皇権威が高められた。政治に携わる貴族・官人には漢文学や儒教など唐風の教養が求められたため、唐風文化が隆盛し、このことは、後の国風文化の前提となった。

いかがでしょう。嵯峨天皇による令外官設置、法制の整備、唐風の儀礼・文化の積極的導入は、すべて天皇権力・権威の強化という一点に向かっていたことを理解していただけましたか。

また、嵯峨天皇の代に、譲位した太上天皇は政務に関与しないことが定まりました。

†嵯峨天皇の政治改革が残したもの

嵯峨天皇の改革は、おそらくは本人の想定を超えて、貴族社会を大きく変容させることになります。

奈良時代は、二時間目に「藤原四子は、それまでの有力な氏族から一人ずつが選ばれて公卿となり、政治に参加するという慣習を打ち破って、四人全員が儒教的学識を備えた官僚政治家として議政官にのぼった」と述べたように、官僚原理にもとづく新しい貴族のスタイルが芽生えた時代でした。しかし、その一方で、『万葉集』の編者とされる大伴家持が、大伴氏などの天皇への奉仕をたたえた聖武天皇の詔書に感激して、「先祖以来の軍事氏族としての伝統を受け継いで、結束して天皇の護衛に励もう」と氏人たちに呼びかけるようなこともまだありました。嵯峨天皇の改革は、貴族社会をこの「氏族が、世襲の職能をもって天皇に対して奉仕する」という関係から、「天皇が、能力の高い文人官僚を抜擢する」という関係へと変容させたのです。

嵯峨天皇の時代に学問をもとに出世した文人官僚としては、小《お》野篁《ののたかむら》が有名です。小野篁は、漢詩では唐にもその名が届き、書では王羲之《おうぎし》父子に匹敵するとされ、さらに和歌でも勅撰和歌集に十四首が入集《にっしゅう》し、鎌倉時代までは家集（個人の和歌集）が伝わっていたとされる無双の文人ですが、『令義解』の編纂にも関与してその序文を著すなど、政務能力においても優れていました。

この天皇に抜擢された文人官僚の頂点ともいえるのが菅原道真です。日本史を学んでいなくても学問の神様としてご存じの方も多いでしょう。

一方で、優秀な文人官僚による官僚制が機能するようになると、政治は、天皇個人の力に関係なく運用できるようになり、その結果、「幼少の天皇」の即位が可能になったのです。これが、いわゆる摂関政治の原型です。その後、貴族社会は、律令政治を推進してきた藤原北家を中心とするものへと、さらに再編されていきました。

†現世利益と密教芸術

少し時代を巻き戻して、この時代の仏教についてみていきましょう。桓武天皇は、平安京に平城京の寺院が移転してくることを許さず、南都仏教への監督を強める一方で、山中で修行する新しい仏教を支持し、国家護持を求めました。

その新しい仏教を確立した一人が、桓武天皇の信頼が厚かった最澄です。彼は入唐《にっとう》して天台山で天台教学を学び、僧のみならず在家の信者にも与えられる菩薩戒（大乗戒）を授かりました。そして、帰国後、天台宗を開き、比叡山延暦寺で、法華経を中心として、生

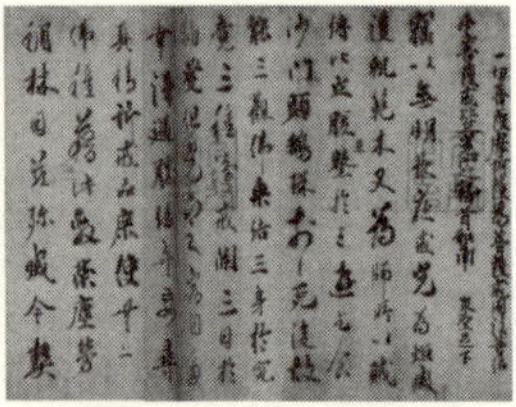

光定戒牒

出典：文化庁監修『国宝』11　書跡Ⅲ、毎日新聞社

きとし生けるものは、すべて仏となれる素養を持っている（「一切衆生《いっさいしゅじょう》　悉有仏性《しつうぶっしょう》」）と強く主張し、南都から独立して大乗戒壇の設立を求めました。

最澄自身は、十二歳で出家し、十九歳の時に東大寺で出家者に与えられる具足《ぐそく》戒を授かっています。しかし、本来生きとし生けるものは、すべて仏になれるのですから、出家の有無と死後、仏になれるかどうかは関係がないはずです。そのため、最澄は、延暦寺の僧の受戒は、在家信者にも与えられる菩薩戒のみでおこなうとし、自ら具足戒を破棄しました。これに対して南都寺院は激しく非難し、大論争となりました。南都からの反駁に対して、大乗戒壇の正当性を訴えた著書が『顕戒論《けんかいろん》』です。

大乗戒壇の設置は、最澄の死の七日後、嵯峨天皇の勅許によって実現しました。翌年、天皇は、大乗戒壇設置に尽力した最澄の高弟光定らに、宸筆をもって戒牒（国家公認の受戒）を与えました。それが冒頭にも述べた「光定戒牒《こうじょうかいちょう》」です。比叡山延暦寺の国宝館で見ることができます。

また、空海の「風信帖」を所蔵している教王護国寺（東寺）を、空海に下賜したのも嵯峨天皇です。空海は、最澄と同時に入唐して、長安の青龍寺で密教を学び、帰国後、真言宗を開きました。空海は、最澄とは対照的に、南都とも協調して勢力を広めていきます。

空海が、干魃《かんばつ》が続くなか、神泉苑での祈禱で、善女龍王を呼び寄せて雨を降らせた話は有名です。神泉苑は、ぼくのなかでは高知のはりまや橋と並ぶ「がっかり名所」ですが、二条城に行くのでしたら、その隣ですから、素通りするのはもったいないでしょう。また、「花見」といえば、もともとは「梅」を見るものでしたが、日本で最初に現在のような「桜」の花見をしたのは、嵯峨天皇だといわれており、その場所が神泉苑なのです。

話を空海に戻します。空海の法力について『今昔物語集』には、次のような話もあります（以下、野澤の意訳）。

嵯峨天皇の時代に、空海と修円（守敏）という護持僧がいた。この二人はいずれもとても優れており、天皇はどちらかを特に重んじていたわけではなかった。空海は唐からの留学帰り。それに対して修円は、心が広く密教を深く悟り、優れた法力を身に付けていた。

ある時、修円が嵯峨天皇の御前にいると、天皇のもとへ栗が献上されてきた。天皇が側近の者に「この栗を煮てこい」というのを聞き、修円は「お待ちください。人の火ならば、なかなか煮ることができない栗でも、法力の火を持ってすればすぐに煮ることができます」と言った。そして天皇の前で加持をすると、見る見るうちに栗が煮えた。それを見た天皇が、非常に尊いことだと感じて、すぐに召し上がったところ、その味わいが何とも言えず素晴らしかった。このようなことが、その後、何度もおこなわれた。

後日、空海が参内したとき、天皇がその話をすると、空海は「確かにそれは尊いことですが、私がいるときに同じことをやらせてみてください。私は隠れて加持をしてみましょう」と言った。

天皇は、修円を召して同じことをさせた。ところが今度は精魂をこめて、何度加持をしても栗は煮えなかった。

「これはどうしたことか」

と、修円が奇妙に思っているところへ、空海が姿を現した。修円はそれを見て、空海の加持の力で抑えられたことを知り、たちまち嫉妬の心が生まれた。この後、二人の仲は非常に悪くなり、互いに相手に

「死ね、死ね」

と呪詛をしたが、実力が拮抗していて効果がなかった。二人は、互いに相手にとどめをさしてやろうと何日も祈禱をおこなった。

空海は一計を案じて、弟子を市へやって葬式の道具を買わせ、「空海が死んでしまった

ので葬式の道具を買いに来た」と言い回らせた。

市でこれを聞いた修円の弟子は、喜んで師のもとへ走り帰り、そのことを伝えた。修円が喜んで「本当にそう言っていたのか？」と聞くと、弟子は「はっきりと聞きました。ですからお知らせするのです」と答えた。修円は「これはまちがいなく私の祈禱が効いたのだ」と思って、呪詛を終わらせた。

空海は、そっと修円のところへ人を出し、「そちらでおこなわれていた祈禱の修法は、結願しましたか？」と問わせた。その使いは、帰ってきてこう言った。

「修円は、『わしの呪詛の効果は十分にあった』と言って喜んで、今朝、修法は終わらせました」

それを聞いて、空海は、ますます精魂をこめて呪詛をおこなったため、修円はたちまち死んでしまった。

この続きには、計略を用いてライバルを呪い殺しておいて、「あ〜、これで安心だ」と言う人間臭い空海の、言い訳が書かれています。

これら空海の法力の話から、人々が空海の仏教をどのように見ていたかがわかるでしょう。空海が祈れば雨が降る、空海が祈れば人が死ぬと考えられていたのです。空海が日本

東寺両界曼荼羅胎蔵界

出典：文化庁監修『国宝』1　絵画Ⅰ、毎日新聞社

東寺講堂の立体曼荼羅

提供：朝日新聞社

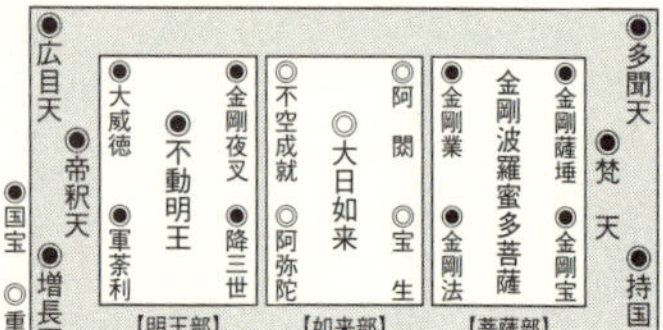

東寺講堂配置図

にもたらした密教とは、加持祈禱によって災いを避け、福を招く「現世利益」をはかる仏教で、皇族や貴族たちの支持を集めました。

一方の最澄は密教者ではありませんでしたが、最澄ののち、入唐した弟子の円仁・円珍によって天台宗にも本格的に密教が取り入れられ、台密（天台宗）・東密（真言宗）とよばれるようになります。

天台・真言両宗がさかんになると、神秘的な密教芸術があらたに発展しました。その一つが、密教の世界観を整然とした構図で図化した、東寺両界曼荼羅《まんだら》（胎蔵界・金剛界、国宝）などです。この曼荼羅を立体化したのが、右に写真と配置図を載せた東寺の講堂の仏像群です。

ぼくは、学生時代に初めて東寺の講堂に入って居並ぶ仏像を見たとき、正直こう思いました。

「何で重文が中央で、国宝が端っこなんだ?! しかも、後ろの隅にある国宝は見えないじゃないか」

でも、場所を変えることはできないのです。これは空海がデザインした3D曼荼羅ですから。中央は真言宗の中心仏である大日如来です。

一時間目で述べたとおり、日本に仏教が入り込めた理由は、日本の神々がもともとフレキシブルであったためでした。しかし、仏教信仰が篤くなっていくにしたがって、神々と仏との関係が問題になってきました。奈良時代には、すでに神前で読経するなどの神仏習合は起こっていましたが、平安時代初期には、薬師寺僧形八幡神像（国宝）など、僧侶の姿をした神像彫刻がつくられるようになり、さらには「日本の神は、実は仏の仮の姿」とする本地垂迹説《ほんじすいじやくせつ》が生まれました。そして天照大神は大日如来、八幡神は阿弥陀如来、素戔《すさの》鳴尊《おのみこと》は薬師如来、大国主命《おおくにぬしのみこと》は大黒天……、というように、日本の主だった神々は、それぞれ仏様に当てはめられていったのです。

この説に従うと、東寺講堂の仏像群の中心に位置しているのは、日本の最高神である天照大神なのです。その前の阿弥陀如来は八幡神です。

二度目に東寺を訪れた時、講堂中央の大日如来を拝観しながら、ぼくは、

「あー、こちらは天照大神でもあるんだ〜」

と、思わず言ってしまいました。東寺は、いろいろな意味で楽しめる文化スポットだと思いますので、ぜひ行ってみてください。

なお、この時期の漢詩の流行とあわせて、これらの唐の影響の強い文化を、弘仁《こうにん》・貞観《じょうがん》文化と呼びます。

†平安の都と異界への入り口

この時間の最後は、やはり嵯峨天皇にゆかりの、魅力的な人物で締めくくりたいと思います。それは先に紹介した、

小野篁

です。天下無双の文人官僚であったことは、すでに記しましたが、別の顔ももっていまし

た。その別の顔のヒントは、彼の墓にあります。その墓は京都市北区堀川通北大路下ルにあり、隣の墓は、紫式部のものです。なぜ紫式部の隣にあるかといえば、『源氏物語』を書いて、人々を愛欲の世界に引き込んだ罪で、地獄に落とされる紫式部を助けてほしいと、源氏物語ファンに頼まれたから

だそうです。実は、篁は、昼間は朝廷に勤め、夜は閻魔王宮の冥官をしていると恐れられた人物です。

彼は、十三歳の時、陸奥守に任じられた父岑守《みねもり》とともに東北へ下り、弓馬一辺倒の生活をおくりました。父岑守は、最初の勅撰漢詩集『凌雲集』の編者で、侍読（天皇に学問を教授する者）まで務めた人物だったのですが、篁は帰京後も学問に向き合いませんでした。その篁の有様を嵯峨天皇が嘆いていることを知り、篁は、悔い改めて学問を志すようになります。そして、口を開けば美しい詩がほとばしると賞されるまでになったのです。文字通り文武両道、身長一八六センチ。保身を謀らず、清廉反骨、直情なその姿勢は「野狂」ともよばれました。

八三八年に遣唐副使に任ぜられた時のこんなエピソードがあります。

篁は、瀬戸内海航行中に船が破損した大使藤原常嗣からの「大使・副使の船の交換要請」が勅許されたことに大反発しました。「大使は、一番良い船を選んで一の船としておきながら、破損したからと交換するのでは、自分に命を預けてくれている部下はどうなる。納得できない」と抗議したという記録が、『文徳天皇実録』に残されています。

そして仮病を使って遣唐使をボイコットするのに加えて、『西道謡』という詩を発表して朝廷の政策を痛烈に皮肉ります。これが嵯峨上皇の逆鱗に触れ、死罪となるところを罪一等減ぜられて、官位剥奪の上、隠岐へ配流となるのです。この時詠んだ歌が、『小倉百人一首』の

わたの原　八十島かけて　漕ぎ出でぬと　人にはつげよ　海人《あま》の釣舟　（参議篁）

です。篁の負け惜しみの歌とも読めますね。それでも配流の道中で彼がつくった漢詩は非常に美しく、漢詩に通じた者は皆、吟誦したと伝えられています。

二年ほどで許されて帰京した翌年には、文才を理由に、特別にもとの正五位下に復され、刑部大輔《ぎようぶたいふ》に任ぜられます。その後、陸奥守、東宮学士、蔵人頭、左中弁と順調に昇進を重ね、八四七年に参議となりました。

夜の一面である、閻魔大王の冥官としての篁の逸話として最も有名なのは、これも『今昔物語集』におさめられている西三条大臣藤原良相《よしみ》を助けた話でしょう。

篁がまだ学生であったときに、罪を犯した。そのとき、藤原良相が参議として、篁を何かにつけて弁護した。そのことを篁は、内心、ありがたいことだと思った。歳月は流れ、篁は参議となり、良相も大臣になっていた。

ある時、良相は重病となり、数日のうちに息を引き取った。直ちに閻魔大王の使いの者にからめ捕らえられて、閻魔王宮で罪を定められようとした。見ると、居並ぶ閻魔の臣下の中に、篁がいる。

良相が「これはどういうことであろうか」と不思議に思っていると、篁が笏を手にして、閻魔に「この大臣は、心正しく、人に親切な者です。今回は、私に免じて許していただきたい」と言う。閻魔は「それは本来ならば非常に難しいことだ。しかし、篁がそれほどまでに言うのなら許してやろう」と答えた。篁が良相を捕縛している者に向かって「すぐに返してきなさい」と命令したので、すぐに戻された、と思ったとたんに、良相は息を吹き返していた。やがて病は回復し、数カ月がたった。彼は、このことをずっと不思議に思っていたが、誰にも話さず、篁に問うこともなかった。

ある日、良相は偶然、内裏で篁と二人きりになるチャンスを得た。ここぞとばかり良相は篁に、閻魔王宮でのことをそっと尋ねた。話を聞いた篁は、微笑してこう答えた。

「あれは、以前、私があなたにお世話になったお礼をしただけです。ただし、このことは、決して人には話されませんように。まだ誰も知らないことですので」

良相はこれを聞いて、ますます恐れ、「篁はただの人ではないのだ。閻魔王宮の冥官なのだ」ということが初めてわかり、会う人ごとに
「人には親切にしたほうがよろしいですぞ」

と諭した。

しかし、篁が地獄の冥官であるという話は自然に世間に広まり、皆、篁を恐れたという。

なお、この話の中の小野篁が犯した罪とは、遣唐使をボイコットした事件と関係があるのではないかという説もあります。

京都の六道珍皇寺には、小野篁が毎晩冥界へ通った際の入り口であったという井戸が今もあり、篁の等身大の像と、彼がつくったと言われる閻魔大王の像が祀られています。文化財に指定されてはいませんが、誰もが知っている閻魔大王のイメージのもとは、これではないでしょうか。

でもなぜ、ここに小野篁が地獄へ行くために使ったとされる井戸があるのでしょうか。それは、ここが鳥辺野《とりのべ》の入り口、この世とあの世の境界であり、死者や死に向かう者が送られた場所だったからです。

葬送地である鳥辺野は、畏怖される場所であるとともに、別れの哀しさを表す枕詞として、歌に詠まれてきました。平安時代末期の歌人西行は、鳥辺野（鳥辺山）を題材とした歌を五首も残しています。その一つが『山家集』にある、

なき人を　かぞふる秋の　夜もすがら　しをるる袖や　鳥辺野の露

秋の夜長を徹して、今は亡き親しい人々のことを思い出していると、自然に涙が流れてきて、鳥辺野の草におかれた露のように、袖がぐっしょりと濡れてしまうことだ

です。もちろんこれも名歌ですが、鳥辺野を詠んだ歌で、ぼくが一番うなったのは、次の歌です。

閻魔大王坐像
六道珍皇寺所蔵

鳥辺野は　御親《みおや》の御墓　あるところ　清水坂《きよみずざか》に　歌はなかりき　（与謝野晶子）

『みだれ髪』に収められているこの歌は、晶子との結婚を決意した与謝野鉄幹が、自らの両親の墓前に彼女を伴った時の情景を詠んだものです。三連作となっており、この前の歌は、

かしこしと　いなみていひて　我とこそ　その山坂を　御手に倚《よ》らざりし

です。鳥辺野は清水坂を越えた先にあります。鉄幹の両親の墓へ参るために、坂を登る二人。鉄幹は、晶子の手を引こうと、手を差し出しました。それを、もったいないと断って、師の妻となる晶子は、鉄幹の手に頼らず、自らの足で坂を登っていきます。

そして、

鳥辺野にある、あなたの御両親のお墓に向かう坂道で、恋の歌は詠めません

と歌ったのです。与謝野晶子の健気さと決意が伝わる、見事な恋歌だとぼくは思います。彼女によって、『源氏物語』の最初の現代語訳である『新訳源氏物語』が世に出るのは、それから約十年後のことでした。

四時間目▼摂関政治と『往生要集』の世界 平安時代中期

――このあたりに若紫はおりませんか？

†光源氏もいないのに

「申し訳ありません。このあたりに若紫はおりませんか？」

一〇〇八（寛弘五）年十一月一日、時の左大臣藤原道長邸で行われた大宴会。招かれた大勢の公卿や殿上人が、すっかり出来上がってしまって、莫迦騒ぎに興じるなか、中納言藤原公任《ふじわらのきんとう》が、紫式部に向かってこう言いました。

若紫とは、もちろん『源氏物語』の永遠のヒロイン「紫の上」の幼いころの名、言ってみれば「美少女キャラ世界第一号」です。『紫式部日記』には、これに対する彼女の返答は記されていません。しかし、彼女は内心こう思っていたようです。
光源氏のような素敵な殿方もいないのに、どうして紫の上だけがいらっしゃったりするものですか

藤原公任と言えば『和漢朗詠集』に代表される、和歌・漢詩・管弦のすべてに秀でた当代最高の文化人ですが、これではただの酔っぱらいのオッサンです。それくらいこの晩の宴席は、乱れた見苦しいものでした。

この大宴会を主催した藤原道長は、摂関政治全盛の時代を現出した人物です。「この世をばわが世とぞ思ふ望月の欠けたることもなしとおもえば」の歌で有名です。この歌は、一〇一八年に三女の威子が後一条天皇の皇后になった時に詠まれました。すでに道長は、長女彰子が一条天皇の皇后となり、次いで次女の妍子《けんし》が三条天皇の皇后になっていました。この時、威子の立后によって、太皇太后（彰子）・皇太后（妍子）・皇后（威子）の三后を一家で独占（一家三后）する未曾有の事態となったのです。

四時間目は、この摂関政治のシステムと、国風文化について学んでいきたいと思います。

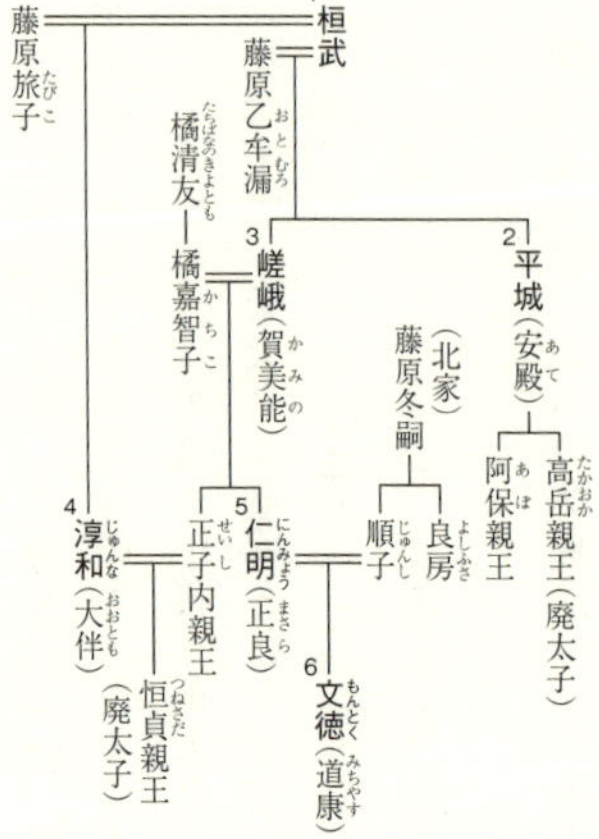

太字は天皇，数字は皇位継承の順

嵯峨系図

藤原北家の台頭と幼帝の誕生

兄平城の重祚を阻止して皇位を守った嵯峨は、桓武系内部での争いを防ぐため、弟の淳和《じゅんな》とその子どもたちで皇位を順送りにすることにしました。系図を見てわかるように、嵯峨は皇位を弟の淳和に譲ります。淳和は、嵯峨の子である仁明《にんみょう》に譲位しました。仁明の皇太子には、淳和の子である恒貞《つねさだ》親王が立てられました。

三時間目で述べたように、嵯峨は初代蔵人頭の藤原冬嗣に厚い信頼を寄せていましたが、息子良房も、大いに気に入っていました。それは、自分の娘潔姫《きよひめ》の婿にするほどで、これにより、潔姫は、「臣下の妻となった最初の皇女」となりました。良房のどこが気に入ったかというと「顔」だという話もあります。世の中にはいるんですね。家柄も良く、才能にも恵まれ、しかも顔も良いという人類の敵のようなヤツが。もっとも、良房は皇女を降嫁された意味をよく理解していたのか、潔姫以外に妻は持ちませんでした。

その良房の妹順子が仁明天皇の中宮となり、その間に道康親王が生まれます。道康親王を皇太子に擁立する動きがあることに不安を感じた恒貞親王と父親の淳和上皇は、幾度も皇太子辞退を奏請しましたが、その都度、嵯峨上皇に慰留されていました。嵯峨天皇の代に、譲位した太上天皇は政務に関与しないことが定められましたが、大帝であった嵯峨上皇の存在は、非常に大きなものだったのです。

八四〇年には、淳和上皇が死去し、さらに、その二年後の八四二（承和《じようわ》九）年には、嵯峨上皇も重い病となります。それに危機感を覚えたのが、皇太子に仕えていた伴健岑《とものこわみね》と橘逸勢です。伴氏はもと大伴氏で、大伴親王が淳和天皇として即位した際、その諱《いみな》を避けて伴氏に改姓していました。もう一人の橘逸勢は、空海・嵯峨天皇と並ぶ三筆の一人です。

皇太子の身を案じた二人は、皇太子を東国へ移すことを画策しました。密告によってこの策謀を知った皇太后から相談を受けた良房は、仁明天皇へと上告しました。

七月十五日、嵯峨上皇が死去。その二日後、仁明天皇は伴健岑と橘逸勢らを逮捕し、さらに詔を発して二人を謀反人と断じて、流罪とします。恒貞親王は、事件とは無関係と認められながらも、責任を取らされて廃太子となりました。この事件は、承和の変とよばれ、藤原北家による他氏排斥の最初の事件とされます。

事件後、藤原良房は大納言に昇進し、仁明天皇の子である道康親王が皇太子に立てられました。自分の子に皇位を継がせたいと考える仁明天皇の親心を巧みに利用した、良房の政治的手腕が発揮された出来事でしょう。

この道康親王が文徳天皇として即位すると、良房は潔姫との間に生まれた唯一の子である明子を女御に入れました。その年、明子は惟仁《これひと》親王を生みます。惟仁親王は第四皇子であったにもかかわらず、わずか生後八カ月で皇太子となりました。

文徳天皇は第一皇子であった惟喬《これたか》親王（母親は紀氏）を愛しており、さらに惟仁親王が幼すぎることもあって、先に惟喬親王を天皇にし、その後、惟仁親王に譲らせることを考えましたが、すでに太政大臣に昇っていた良房をはばかって決しないうちに、死去してしまいます。そこで、良房は、九歳であった惟仁親王を即位させて清和天皇とし、太政大臣として幼少の天皇の権限を代行しました。これが、

「良房は、清和天皇の即位とともに、実質的な摂政となった」

といわれる理由です。

清和天皇は、幼少期に良房の邸宅で育てられたので、良房を深く信任していました。

八六六年、良房は、朝堂院の正門応天門が炎上した事件に際して、天皇から「天下の政《まつりごと》を摂行せしむ」とする詔を与えられ、正式に人臣最初の摂政となりました。そして、この事件で大納言伴善男《とものよしお》をはじめとする伴氏や紀氏を失脚させて、藤原氏の力を強めまし

た（応天門の変）。

†他氏排斥と外戚政策

高校の授業では、摂関政治のキーワードとして

他氏排斥と外戚政策

と習います。教科書には、

> 夫は妻の父の庇護を受け、また子は母方の手で養育されるなど、母方の縁が非常に重く考えられていた。摂政・関白は、天皇のもっとも身近な外戚として、伝統的な天皇の高い権威を利用し、大きな権力を握ったのである。
>
> （『詳説日本史B』山川出版社、七十頁）

のように記されています。この外戚が与える影響の大きさをイメージさせるために、ぼくが授業で用いているものがサザエさん一家です。

サザエさんを皇后、マスオさんを天皇とします。タラちゃんは皇子（親王）です。マスオさんは、サザエさんの実家である磯野波平宅に同居していますが、養子ではありません。あくまでフグ田マスオです。

タラちゃんにとって、波平さんは外祖父です。タラちゃんはカツオ君を「カツオ兄ちゃん」と呼んでいますが、カツオ君は兄ではありません。外戚です。

タラちゃんは、カツオ君とは仲が良く、波平さんを心から信頼しています。

もちろん、貴族の娘が入内するのですから、天皇が后妃の実家で生活するわけではありません。しかし、后妃の親は、内裏のなかの娘が与えられた殿舎に調度品を揃え、自宅の部屋のようにつくりあげます。そして、天皇は、言わば后妃の実家の疑似空間に通うことになるのです。

応天門の変のあと、良房の養子であった基経は、光孝天皇の即位にあたって最初の関白となります。基経は、次いで即位した宇多天皇が出した「阿衡《あこう》」に任ずるとする勅に難癖をつけて、これを撤回させ、関白の政治的地位を確立するとともに、起草にあたった文人官僚橘広相《たちばなのひろみ》の責任を追及して罷免に追い込み、さらに流罪にするよう執拗に天皇に迫りました。この事件は、当時讃岐守《かみ》であった菅原道真が「これ以上紛争を続けるのは藤原氏のためにならない」という旨の書を基経に送り、基経が矛を収めて、なんとか終息しました。

このような動きをみると、学者貴族であった道真にとって、讃岐守として現地に赴任したことは、二つの点で大きな意味をもっていたと、ぼくは思います。

一つは、地方の現状を直接目にした経験が、彼を学者から政治家にしたということ。そして二つめは、宇多天皇が、道真に注目したことです。

宇多天皇は、阿衡事件の無念さを忘れませんでした。天皇は、基経の死後、関白を置かず、菅原道真を重用して藤原氏をおさえようとします。道真自身、長女衍子《えんし》を宇多天皇の女御とし、さらに三女寧子を宇多天皇の皇子斉世《ときよ》親王の妃とするなど、皇族との姻戚関係の強化を進めました。

道真は、続く醍醐天皇の治世下で右大臣に昇進し、左大臣藤原時平と並ぶまでになりました。しかし、九〇一年、娘婿の斉世親王を皇位に就けようと謀ったとして、罪を得て大宰府へ流されてしまうのです。

道真左遷の真相については、時平によるまったくの陰謀とする説から、宇多上皇と醍醐天皇の対立に道真が巻き込まれたとする説まで様々です。ぼく個人としては、家格を超えて大出世した道真への貴族たちの嫉妬や、その政治姿勢に対する反感があったことは確か

北野天神縁起絵巻
出典：『新修日本絵巻物全集』第9巻、角川書店

であり、時平のせいだけにすることはできないのではないかと考えています。

道真の生涯を描いた「北野天神縁起絵巻」で最も有名なシーンは、上の図の場面ではないでしょうか。黒雲の上で雷を飛ばしているのは、怨霊となった道真です。この赤鬼のような道真ばかりが注目されがちですが、画面の左端で太刀を振り上げているのは、藤原時平です。これは、時平が雷にむかって「生きていても自分の次であったではないか。今日、神となったとはいえ、この世では自分に遠慮なさるのが当然ではないか」と睨みつけ、雷神を退散させたと『大鏡』に記されている姿を描いたものです。

その後、時平は三十九歳で死去し、子どもたちも長寿の者はほとんどいませんでした。道真は、国民的悲劇の主人公とされ、彼を失脚させた時平はあまりよく思われていません。しかし、実際には非常に優秀で、延喜の荘園整理令を発するなど、国政の立て直しに旺盛な意欲を見せました。政治家としても実務に厳しい人で、「なぁなぁ」が嫌いな性格だったと思われます。それは彼の死後、宇多上皇が羽根をのばして享楽追求に邁進したことからもうかがえます。もし、時平がもっと長生きしていたら、別の人物像として伝えられていたかもしれません。

時平の死後、藤原北家の嫡流は、道真と親交があった弟の藤原忠平の系譜へと移りました。忠平と兄時平との仲は悪かったようです。道真の名誉回復が早い時期に実現した背景には、時平と忠平の確執もあったと考えられます。

†政務と儀式

菅原道真を大宰府に配流した醍醐天皇の時代には、班田がおこなわれ、荘園整理がはかられ、格式を編纂するなど律令制の復興がめざされました。また最初の勅撰和歌集である『古今和歌集』も編纂されています。

延喜《えんぎ》年間の後半、重篤となった醍醐天皇は、八歳の朱雀天皇に譲位します。そのため、時平の死後、政権を担っていた忠平は、幼帝朱雀天皇の摂政となります。摂関の設置は、基経の死後、四十年ぶりのことでした。さらに朱雀の元服後は、引き続き関白となりました。ここに、天皇が幼少のあいだは摂政をおき、成年すると関白として天皇を補佐する摂関の制が定着しました。

朱雀天皇からの譲位を受けた村上天皇（朱雀弟）の天暦《てんりやく》年間にも、学問・芸能が盛んになりました。村上天皇は忠平の死後、摂関を置かなかったため、この醍醐・村上天皇が親政をおこなった時代は、後世、「延喜・天暦の治」と称されます。しかし、朱雀・村上の母は基経の娘であり、実際には、天皇・藤原氏を中核とする貴族体制が成立した時代でもありました。

さらに九六九年、「藤原北家による他氏排斥が完了した事件」ともいわれる安和《あんな》の変で、左大臣源高明《たかあきら》（醍醐天皇の皇子）が左遷されると、藤原北家の勢力は不動のものとなりました。その後は、藤原一族間の争いになるのですが、それに勝利したのが、冒頭の藤原道長です。

摂政・関白が、天皇とともに太政官を指導して執政する十世紀後半から十一世紀頃の政治体制を、摂関政治といいます。

ここで誤解してはならないのは、摂関政治は、摂政・関白が公卿を指揮して、太政官を基盤に政治を運営するものであり、摂関個人による恣意的な政治ではありません。そして、最終的に決裁をくだすのはあくまで天皇です。

摂政が指揮する公卿とは、太政大臣、左・右・内大臣を公、大・中納言、参議、三位以上の者を卿、とする両者をあわせたものです（内大臣、中納言、参議は令外官のため、左の図には書かれていません）。地方行政や外交などの重要な案件は、陣定《じんさだめ》という公卿の会議により審議されました。陣定では、上位者が先に発言すると、下位者が異論を唱えることが難しくなるため、下位者から順に意見を述べていきました。陣定の結果は、異論も併記した文書にまとめられて、天皇の決裁の参考とされました。

一条天皇と道長の時代には、『小右記《しょうゆうき》』の筆者である藤原実資《ふじわらのさねすけ》や、和様の書の名手として三跡《さんせき》（蹟）の一人に数えられた藤原行成《ゆきなり》ら、有能な公卿が輩出しました。

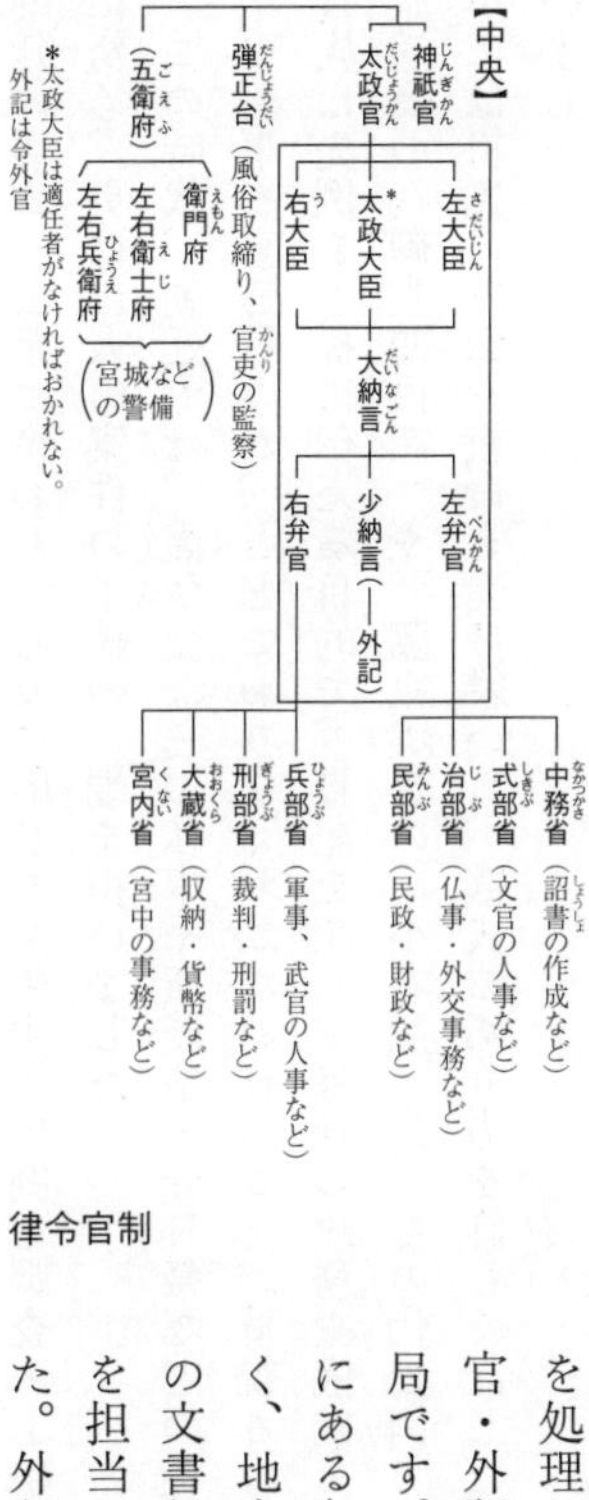

律令官制

公卿を支えたのは、文書を処理し、先例を調べる弁官・外記など太政官の事務局です。弁官は、律令官制にある各省の監督のみでなく、地方の国司と太政官との文書行政など様々な業務を担当しており、激務でした。外記は令外官であり、朝廷の儀式・公事に携わり、必要に応じて関係する先例を調査・上申してその円滑な遂行に努め、更には人事案件の手続の一端を担いました。

この時代、朝廷では、灌仏会《かんぶつえ》などの仏事や賀茂祭・春日祭などの神事、政務儀礼などの年中行事や宮廷行事が、とどこおりなくおこなわれることが重視されました。そのため、貴族は先例を子孫に伝える目的で、日記を記して毎日の政務や儀式を記録したのです。藤原道長の『御堂関白記《みどうかんぱくき》』や、藤原実資の『小右記』は、その代表例です。また、貴族のなかには祖先の口伝や教命を受け継いで、儀式のあり方を詳しく記した儀式書をつくる者もいました。

かつて、民放の歴史バラエティ番組で、平安時代をミュージカル風に演出して「貴族は遊んで暮らせるから恋が仕事」と描いたものがありましたが、これは誤解を孕んだ表現です。

『源氏物語』にも描かれるように、彼らがラブロマンスに力を傾けたことは事実です。また、道長の時代は家柄も重視されましたから、昇進が必ずしも能力と一致するとは限りませんでした。

しかし、いつの時代でも、有能な者、出世を競う者にとって、仕事はハンパなものではありません。弁官は参議への登竜門でしたし、中級貴族のなかには、何日も自宅へ戻らず、ほとんど睡眠は移動中の牛車のなかでとるという者までいました。

公卿といった上級貴族でも、やたらに忙しく華々しく活躍する者と、まったく仕事がない者がおり、この差ははっきり言って能力の差でした。その典型が、道長が例の「この世をばわが世とぞ思ふ望月の……」の歌を詠んだころ、ともに大納言であった藤原実資と、『蜻蛉日記《かげろう》』の作者の息子にして道長の兄、藤原道綱です。

一〇一七年、藤原実資は、後一条天皇の即位に伴う石清水・賀茂神社への行幸の責任者を務めることになりました。天皇即位に伴う各種イベントは、ミスの許されない大事業です。実資は、各官吏を指揮し、道長とその息子頼通と連絡を取り合い、これを落ち度なく成功に導きます。準備期間から本番まで繁忙を極め、当日は早朝から参内していた実資が、万事を無事に終えて内裏を退出したのは、午前一時のことでした。しかもこの間に、実資は別の国家的大イベント（一代一度任王会＝天皇一代につき、一度だけ行われる祈願祭）の責任者も兼任し、これもつつがなく務めあげています。

その後も多忙を極め、限界に達した実資は、姉の死による服喪を理由に役目の辞任を願い出ましたが、「遅くなっても良いから」と、許されませんでした。

一方の藤原道綱には、実資より上の大納言筆頭の立場だったにもかかわらず、まったく仕事がまわってきませんでした。これは、

「一文不通之人（漢文が読めない人）」

↓

「貴族男性の公式文書は漢文だったから、要はまったく仕事のできない人」

と評された藤原道綱と、のちに右大臣にのぼり「賢人右府」と尊称される藤原実資との差です。

公卿は一人ひとりに大きな権限が与えられており、分担して宮廷行事を執行したり、諸官司や諸国からの文書を決裁したりしました。組織のなかで穴になるところがあると、誰かがフォローしなければならないのは、今も昔も同じです。そして、

「本当に大切な仕事は、本当に忙しい奴に頼め」

というのも、今も昔も変わらないことなのです。

†国司の任国支配と財政の再編

醍醐天皇を尊敬していた後醍醐天皇が、「自分の諡《おくりな》は後醍醐にするよう」望んだ（遺諡《いし》した）話は有名です。しかし、後世、延喜の治と称された醍醐天皇の時代は、律令体制の

いきづまりがはっきりしてきた時代でもありました。戸籍・計帳にもとづいて租や調・庸を取り立てて、諸国や国家の財政を維持することは、もはや不可能になっていたのです。

政府は財政再建のために、国司の交替制度を整備し、任国に赴任する国司の最上席者（ふつうは長官である守《かみ》）に、大きな権限を与え、一定額の税の納入と引き換えに、一国内の統治を委ねるようになりました。この地位は、前任者から文書や事務の引継を受ける（受領《ずりよう》する）ことから、受領と呼ばれるようになります。

受領は、領内の田地をあらたに「名《みよう》」という徴税単位に分け、その耕作を有力農民である田堵《たと》に請け負わせるようになりました。そして、それまでの租・庸・調や出挙《すいこ》の利稲《りとう》にあたるものを官物《かんもつ》として、雑徭に由来する力役を臨時雑役という税目として徴税しました。つまり、これまでの戸籍に記載された成人男子に課税する制度を改めて、有力農民が経営する土地の広さに応じて課税する体制になったのです。

それぞれの名には、負名《ふみよう》と呼ばれる耕作請負人の名が付けられたので、このシステムを負名体制といいます。田堵のなかには国司と結んで大規模経営をおこない大名田堵《だいみようのたと》とよばれる者も現れました。さらに平安時代末期になると、田堵は名の請負人としての権利を強めて世襲するようになり、名主《みようしゆ》とよばれるようになりました。

ここまでが教科書の記述内容ですが、これを読んでも、この負名体制を理解するのは非常に難しいのではないでしょうか。そこで、ぼくは授業では、生徒に次のようなたとえ話をしてきました。

ぼくは、教員として三年一組というクラスの担任をしています。クラスは学級経営の単位であるように、**名**は**徴税単位**です→ぼくは、「三年一組という**名**の経営を請け負っている有力農民＝**田堵**」です。

三年の担任は、ぼく以外にも二組佐藤、三組鈴木、四組高橋、五組田中などがいますが、ぼくは一組を任されているので、三年一組は経営を請け負ったぼくの名前をとって「野澤クラス」と呼ばれます→「田堵が請け負ったそれぞれの名には、負名と呼ばれる請負人の名がつけられた」→「担任である野澤は、名である三年一組の**負名**」です。

三年一組の担任であるぼくは、クラスの成績や進路に責任を負うことになります。→負名は、名の徴税に責任を負います。

ぼくは非常にクラス経営がうまく、実績をあげました。すると校長＝受領は、ぼくの手腕を高く評価して、二組、三組の担任も兼任させることになりました→一組の経営を任された田堵であったぼくは、多くのクラス＝多くの名の経営を大規模に請け負うようになり、**大名田堵**と呼ばれるようになりました（現実の学校ではありえません）。

さて、本来、クラス担任は一年ごとに交代します↓本来、田堵は一年契約でした。
しかし、これほどまでに実績をあげ、力をつけた三年生のクラス担任であるぼく（野澤）は、やがて毎年、三年一組の担任を任されるようになりました。こうなると、田堵であるぼくは、あたかも三年一組の主のようになります↓平安末期になると、田堵は名に対する権利を強め、名の主という意味で、名主と呼ばれるようになりました。

いかがでしょうか？　少しはイメージしやすくなりましたか？
また、中央への貢納と在地でどのような徴税をするかは別だったので、受領のなかには過酷な徴税をして、貢納との差を稼いで巨利を得る者も現れました。九八八年に尾張国の郡司や農民に訴えられた藤原元命《ふじわらのもとなが》は、その一例です。訴状である「尾張国郡司百姓等解《おわりのくにぐんじひゃくしょうらのげ》」には、藤原元命が極端な増税をしたこととともに、京からつれてきた、受領の支配を支える下級官人である郎等《ろうとう》や子弟が乱暴を働いたことが記されています。
清少納言の『枕草子』に「すさまじきもの（興ざめなもの）」として「除目《じもく》に司得ぬ人の家（人事異動で任官できなかった人の家）」というのがあり、
今年は必ずどこかの国司になるだろうと聞いて、以前その家に仕えていた者たちで、今は他に勤めている者や、田舎めいたところに住む者などがみんな集まってきて、「よい官職に就けるように」と参詣する主人のお供に「我も我も」と付き従い、みんなで飲み食いして大騒ぎしていたのに、結局、主人は任官しなかった。主人の任官を本当にあてにしていた家人は、大変嘆かわしいことだと思っている。早朝になって、昨日は隙間もないほど大勢いた者たちは、一人二人こっそりと退出していく。古参の者どもで、そんな風にその場を離れることができそうもない者は、来年に国司が交替する国々を、指を折って数えたりしているのも、不憫で興ざめする。（野澤の意訳）

という内容が書かれています。

この「今は他に勤めていたり、田舎めいたところに住んでいるのに、ここぞとばかり集まってきてどんちゃん騒ぎをしていたくせに、主人が国司になれなかったと知ったら、こっそり出て行った」連中というのが、巨利を得るであろう受領の郎等として地方に下り、自らも財を得ようと企んでいた下級官人たちです。

国司には、中央で特定の要職を務めた官人が、順番に任命される仕組みになっていました。国司は任期終了時に中央への税の貢納が公卿によってチェックされ、優秀な国司は再び国司に任命されることも可能でした。また、皇族や公卿は、除目において一定の推挙権をもっていたため、任命・審査権をもつ摂関や公卿への受領や下級官人層からの私的な奉仕もありました。

受領が負名を直接把握し、下級官人層からなる郎等に徴税や行政を担わせるようになると、従来、税の徴収・運搬や、文書の作成などの実務をしていた郡司の地位は低下していきます。なぜなら、郎等は元々中央の官人ですから、彼らには事務処理能力があったからです。

また、受領以外の国司は、実務から排除されるようになり、任命されても赴任せず、国司としての収入のみを受け取る遙任《ようにん》も盛んになりました。

教科書には「この頃には私財を出して朝廷の儀式や寺社の造営などを請け負い、その代償として官職に任命してもらう成功《じょうごう》や、同様にして収入の多い官職に再任してもらう重任《ちょうにん》がおこなわれるようになった」(『詳説日本史B』山川出版社、八十頁)と書かれています。生徒は、これを読むと賄賂をイメージしますが、政府の財政の再編は、任国に赴任した国司のもとに、一定の税が集められていることを前提におこなわれていたのです。

藤原元命を訴えた「百姓」も、零細な弱い農民ではなく、田堵負名でした。徴税を強化したい受領と、在地の有力者であった郡司・負名層との間に、利害の対立が起こるのは当然です。受領の任国支配は、時には身の危険をともなうものであり、実際に国司が殺害されたり、屋敷を焼き討ちされたりすることもありました。

宮廷で華やかな行事を催すことができたのも、何度も焼失した内裏がそのつど再建されたのも、国司による貢納と「公的な」奉仕があったからこそ可能となったのです。

†『往生要集』と浄土教美術

突然ですが、地獄ってどんなイメージですか？

猛火が燃え、罪人たちは鬼に体を切り刻まれ、つぶされ、焼かれ、釜で煮られ、血の池で溺れ、毒虫や毒蛇、獣に襲われ、喰われ……。しかし、体が粉々に砕けても、たちまち元通りに生き返り、責め苦が限りなく繰り返される。その苦痛は言葉では表せない。

これ、源信（恵《え》心僧都《しんそうず》）の『往生要集』に描かれた地獄です。どのような罪を犯したら、どの地獄におとされ、刑期は何年であるかが細かく書かれています。

ぼくが授業でよく紹介するのは、衆合《しゅうごう》地獄にある刀葉林《とうようりん》です。

地獄の鬼が罪人を刀葉の林に置く。木の頂上を見ると、非常に美しい女がいる。罪人はすぐに女に気付いて、急いで木に登っていくのだが、刀でできている葉は、下向きになっていて罪人の身体をずたずたに切り裂いていく。やっとの思いで木の上に登り、女を求めると、彼女は地上にいて、媚びをたたえた欲情に満ちた眼差しで罪人を見あげながらこう言うのだ。「わたしはあなた恋しさのあまりここに来ましたのよ。なぜ、今あなたはわたしの傍らに来て、わたしを抱いて下さらないの」。罪人の欲情は火のように燃えあがり、必死で女のもとへと降りていくのだが、今度は、刀の葉は上向きになっていて、罪人の身体を残す所なく切り裂いていく。やっと地上に降り立つと、彼女は、また木の上にいる。これを際限なく(無量百千億年)繰り返す。これは愛欲に溺れた者が落ちる地獄である。

他にも愛欲が原因で落ちる地獄は、鉗《かなばさみ》で口を開かれて煮えた銅汁を注ぎこまれ、内臓が焼きただれるというものなど、いくつもあります。

宮廷貴族が、仮名物語に描かれたようなラブロマンスに力を注いだ面があったのは事実ですが、一方でこういった世界観も広まっていたのです。また、『往生要集』を読むと、「地獄行きの罪に該当するものは一つもない」という人は、現在でもほとんどいないと思われます。ですから、「自分は地獄へ落ちるのではないか」と恐れた者はたくさんいたでしょう。さらに末法思想の影響もあり、阿弥陀仏を信じて極楽往生を願う浄土教は、貴族社会に広く浸透しました。

この『往生要集』は、仏教美術にも大きな影響を与えました。その一つが、臨終時に往生を助けるために、阿弥陀如来が菩薩を従えて来臨する様子を描いた「阿弥陀聖衆来迎《しょうじゅらいごう》図《ず》」（国宝）です。おだやかな大和絵の手法で美しく描かれています。高野山霊宝館や各地の博物館などで、比較的よく公開されています。

また、極楽を観想するために、地上に浄土を再現することも試みられました。末法に入

阿弥陀聖衆来迎図
出典：文化庁監修『国宝 1』 絵画Ⅰ、毎日新聞社

平等院鳳凰堂阿弥陀如来像

るとされた一〇五二年に藤原頼通は宇治の別荘を平等院という寺院とし、翌年、その阿弥陀堂である鳳凰堂（国宝）が落成しました。阿弥陀堂とは、阿弥陀如来像を本尊とする仏堂です。この時代は、末法思想を背景とする仏像の大量需要にこたえて、多くの仏師が、工房にて組織的分業で仏像を作成する寄木造《よせぎづくり》の手法が、仏師の定朝《じょうちょう》によって完成されました。

定朝の作品で唯一現存しているのが、平等院鳳凰堂にある阿弥陀如来像（国宝）です。阿弥陀如来像は、やわらかな曲線で気品あふれる慈悲の姿を表している美しい仏像です。そして、鳳凰堂内部の小壁には五十二軀の菩薩像が掛けられており、来迎図を立体化しています。さらに壁や扉にも来迎図が描かれています。平等院は、建築・彫刻・庭・絵画などからなる総合芸術なのです。阿弥陀如来像だけを見て帰ったらもったいないと思うので、ぜひ様々なところをご覧ください。

†文学と貴族の生活

この時代、貴族の邸宅は、中央に寝殿がおかれ、東西に対屋《たいのや》、前面に池を配した白木造・檜皮葺《ひわだぶき》の寝殿造とよばれる日本的な建築となりました。服装も男性の正装は束帯《そくたい》・衣《い》冠《かん》、女性の正装は十二単衣《じゅうにひとえ》ともよばれる女房装束となり、唐風の原型を和風に改め、文様や配色も日本風の趣向をこらしたものになります。

ただし、天皇が住居とした清涼殿の調度品には、私的な面では日本の風物を題材とした大和絵が描かれていましたが、公的な面には中国を題材とする唐絵が描かれました。三時間目でも述べたように、菅原道真の建議で八九四年の遣唐使派遣は中止となりますが、遣唐使そのものの廃止が決定されたわけではありません。貴族社会では、中国からもたらされる唐物《からもの》への憧れは強く、その需要は大きなものがあったのです。

国風文化というと、仮名物語や和歌がイメージされますが、貴族男性は和歌以外では漢文を用いていましたし、和歌以上に漢詩の才能は重んじられており、藤原道長もしばしば詩会を催しています。

国文学の最高傑作とされる『源氏物語』と『枕草子』をみても、『白氏文集』や『史記』『漢書』などの中国文学や歴史書への深い理解が背景にあります。そして何より、一条天皇の皇后である藤原彰子や定子らをとりまく女房たちの、漢文学に関する教養水準の高さがうかがえます。例えば、国語の授業で必ず習う『枕草子』の「香炉峰《こうろほう》の雪」には次のように書かれているのです。(野澤の意訳)

雪が降った時、定子様に「香炉峰の雪はどうかしら」と言われ、私は人に命じて簾《すだれ》を高くあげさせた。定子様はお笑いになった。みんなは「その白楽天の漢詩は、知っているし歌などにも引用したりするけど、とっさにこうしたユーモアとウィットに富んだ反応はできないわね。あなたはやっぱり定子様のお側にいるにふさわしい人だわ」と言った。

女房たちはみんな『白氏文集』を知っていたのです。女流文学の隆盛は、教養も才能も十分あって、なおかつ細やかな表現に適した仮名を自由に使えた女性が、何かと制約のあった男性を凌駕して、優れた作品を残すことができた結果なのでしょう。

四時間目は、この清少納言とも関係の深い一人の人物を取り上げて終わりにします。それは、

藤原行成《ゆきなり》

です。

和様の書の名手として藤原佐理《すけまさ》・小野道風《みちかぜ》と並んで三跡（蹟）の一人に数えられる人物で、彼の書流は世尊寺《せそんじ》流とよばれています。藤原道長から『往生要集』を借用した際に、「原本は差し上げるので、あなたが写本したものをいただけないか」と言われたという話

もあります。

行成は、摂政藤原伊尹《これただ》を祖父として生まれましたが、三歳になるまでに祖父と父とを相次いで亡くし、外祖父源保光に育てられます。彼に転機が訪れたのは、二十三歳の時、源俊賢《としかた》の推挙によって一条天皇の蔵人頭に大抜擢されたことでした。先にも述べましたが、摂関政治の時代においても、最終的に決裁するのは天皇です。そのため、摂関は、天皇だけではなく、上皇や皇太后、皇后などの意向や、重臣たちの意見をあらかじめ調整しておく必要がありました。同じように天皇の側も様々な根回しをする必要があり、その調整・根回しをおこない、時には自分の意見も述べて、相手の説得にあたるのが蔵人頭です。特に摂関自身やその一家の利害に関係する問題については、蔵人頭の協力は不可欠でした。蔵人頭は将来につながる重要なポストだったのです。

『枕草子』には、蔵人頭時代の行成にまつわる話がいくつもあります。百三十六段の「頭の弁の職に参り給ひて」には、大勢のギャラリーの前で〝大人の恋愛ゲーム〟を展開する二人の様子が記されています。行成は二十代、清少納言は行成より五、六歳年上だったと思われます。

『史記』に記されている、鶏の鳴きまねで函谷関《かんこくかん》の関所を定時より早く通った孟嘗君《もうしょうくん》の故事を用いて、次のようなやりとりがなされました。

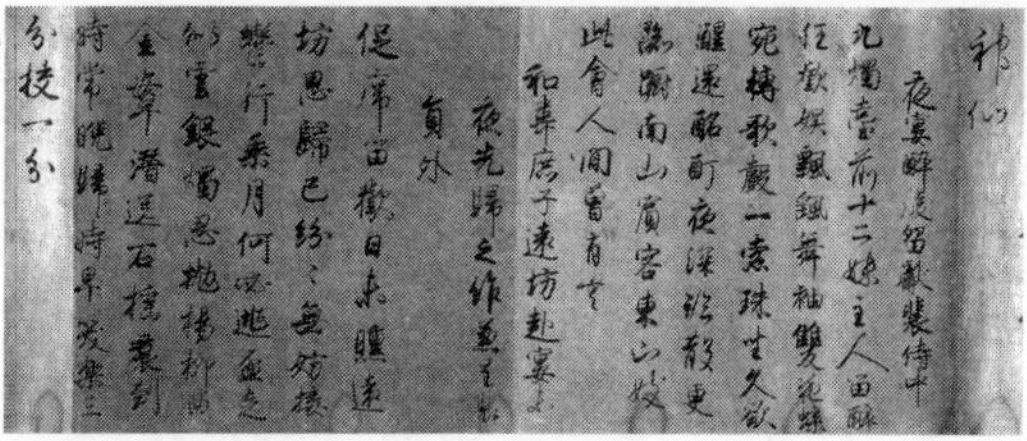

藤原行成「白氏詩巻」
出典：wikipedia

「ここは函谷関ではなく男女が逢う逢坂の関のことです」と書き送ってきた行成に対して、清少納言は、

夜をこめて　鳥のそら音は　はかるとも　よに逢坂の　関
はゆるさじ

と返します。小倉百人一首にも選ばれているこの歌は、普通「深夜に鶏の鳴きまねをしてだまそうとしても、ここは函谷関ではなく逢坂の関なので門を開けることはありません（男女の関係にはなりません）」と解釈されています。

しかし、国文学者の吉海直人氏は、

「孟嘗君の故事を素直に引用すると、逢瀬を許さないという解釈の反対、その時間でもないのに鶏の鳴き真似に騙《だま》されて、あなたを早く帰したりはしません、という理解も可能になります。これは非常に名誉なことだったからです。特に行成自筆の手紙は、内容よりも自筆であることに価値がありました。

その自筆の手紙を何枚も貰っているのですから、これは自慢話以外の何物でもありません」

と述べています。

行成の書いたものは美術品として高く評価されており、実際、このとき清少納言のもとに届いた手紙の一枚目は、清少納言の主人である定子の兄僧都の君（隆円）が、額を床にすりつけるようにしてもらい受けていきました。あとの二通は定子のもとにいきました。

〝大人の恋愛ゲーム〟に勝ったことが自慢だったというよりも、誰もが垂涎の藤原行成の自筆の書を、何枚も手に入れられることが誇らしかったのです。

藤原行成は一条天皇の信頼も厚く、何度も切実な相談を受けています。その一つが重病になった自らの後継者についてでした。一条天皇は、先に世を去った定子を心から愛しており、彼女が残した第一皇子敦康《あつやす》親王を立太子することを諦めきれずにいました。

これに対して行成は、承和の変で恒貞親王が東宮に立ちながら廃されたこと、清和天皇が第四皇子でありながら藤原良房の外孫ゆえ立太子したことなどの故事をあげて、道長を外祖父とする第二皇子を立て、その代わりに敦康親王にはしかるべき優遇を与えることを勧めました。

彼の意見は結果的に道長の願望にそったものでしたが、これをもって行成を「顧問の臣」と信頼していた一条天皇への裏切り行為とみることは、ちょっとかわいそうでしょう。本当は天皇も仕方がないことだとわかっていたのです。それでも悩み苦しんでいた天皇の心中を代弁したといえます。道長の政治的圧力から敦康親王を守るための、行成なりの方策であったとも考えられます。敦康親王のことを頼まれた行成は、親王が二十歳で亡くなるまで、その家司《けいし》（家政を掌る職員）を務め上げました。

周囲のパワーバランスによって、天皇が自分の望む男子に皇位を譲ることもできない。これも摂関政治の一面です。

藤原行成は、一〇二八年、突然倒れて、そのまま死去しました。奇しくもその日は、藤原道長も死亡した日でした。道長の死に世間は大騒ぎとなっており、行成の死を気にとめる者はほとんどいなかったと『小右記』には記されています。

それから四十年後の一〇六八年、摂関家を外戚としない後三条天皇が即位しました。院政の時代の幕開けです。平安時代末期の院政は、上皇が天皇を後見することによって摂関から皇位継承の主導権を奪い、自らが望む子孫に確実に皇位を伝えるために始められたのでした。

二学期

中世から近世の幕開けへ

五時間目▼

日本最初の劇場型政治家？　後白河上皇　平安時代末期

——今様狂いには意味がある

†歌う専制君主

次の言葉は誰を評しての言葉でしょうか？

「文にもあらず、武にもあらぬ」（by崇徳上皇）
「和漢の間比類少なき暗主」（by信西［藤原通憲］）
「日本国第一の大天狗」（by源頼朝）

三つめの源頼朝の言葉でわかった方も多いでしょう。答えは、後白河上皇です（頼朝は、院近臣高階泰経《たかしなやすつね》を指したとする説もありますが、ぼくは、やはり後白河上皇だと考えています)。

後白河上皇が、平安末期の庶民の流行歌である今様を、十代の時からきびしく修練して『梁塵秘抄《りようじんひしよう》』を編んだことは、受験日本史の基本中の基本です。『平治物語』には「今様狂い」と書かれ、本人自身「十余歳の時より今に至る迄、今様を好みて怠る事なし」と述べて、「自分より歌の上手な者はいたが、自分よりよく歌を知っている者はいなかった」というほどでした。

母親である待賢門院《たいけんもんいん》が死んだ時ぐらいは歌舞音曲を控えるべきなのですが、どうしても我慢できずに歌ってしまいます。また、歌いすぎで三度も喉をつぶし、痛みで湯水も飲めないほどになっても懲りずに歌うぐらいです。

身分・性別をこえて仲間を集め、御所にてロング・ランの今様コンサートをたびたびおこない、見物につめかけた京の民を御所の庭に入れて、一般公開します。まさに

歌う専制君主

といったところです。

実際には暗愚どころか、かなりシャープな人間であることは、常に生じる中央での派閥対立を巧みに泳ぎ切り、あるいは利用して自分の権力を保持し続けたことからもうかがえます。今様をめぐる上皇の行為についても、単に彼の嗜好によるものばかりではなく、動乱の時代に王権を維持するための、極めて高度な政治的意味があったとする意見も出されています。

平安時代末期の、白河・鳥羽・後白河の三上皇が院政をおこなった約百年間は、院政期とよばれます。教科書には「院政期には、私的な土地所有が展開して、院や大寺社、武士が独自の権力を形成するなど、広く権力が分散していくことになり、社会を実力で動かそうとする風潮が強まって、中世社会はここに始まった」（『詳説日本史B』山川出版社）と書かれています。

五時間目は、中世の幕開けとなった院政期の様子を学んでいきましょう。

†荘園公領制の成立

少し時代を遡ります。摂関政治が進展していく十世紀後半には、有力農民である田堵などのなかに、一定の領域を開発して経営をおこなう者が現れ、十一世紀には開発領主とよばれるようになりました。そのなかには、税の負担を逃れたり、開墾した所領を守るために、力のある貴族などにその土地を寄進して、名目上のオーナー（領家）になってもらい、名義代（年貢）を納める者も現れました。そして自らは荘官となって実際的な土地の支配権を確保したのです。このような荘園を寄進地系荘園といいます。

ただし、寄進地系荘園が一般化するのは十一世紀後半のことです。かつては、摂関政治の全盛期を築いたといわれる藤原道長は、膨大な寄進地系荘園からあがる収入で生活していたと思われていました。しかし、彼が「この世をば」と歌ったのは一〇一八年（十一世紀前半）のことです。現在では、道長の収入のメインは、やはり官人として与えられる給与だったと考えられるようになりました。

一方、四時間目で述べたように、九世紀末から十世紀にかけて地方政治が大きく変化しました。そのなかで、地方豪族や有力農民は、勢力を維持・拡大するために武装するようになりました。これが武士の始まり……ではありません。武士とは、あくまで公権力から正式に武装を認められた者です。ぼくが尊敬する日本史の先生は、これを「武装している者がすべて武士ではないのは、拳銃を持っているからといってヤクザが警察官ではないのと一緒」と、うまくたとえていました。

各地で武装勢力による紛争が起こるようになると、その鎮圧のために政府から中・下級貴族が、押領使《おうりょうし》や追捕使《ついぶし》として派遣されるようになり、彼らのなかには、そのまま現地にとどまる者もいました。これが地方武士のはじまりで、やがて彼らは連合体をつくるようになりました。特に辺境の地方では、「貴種」とよばれる中央貴族の子弟などを棟梁《とうりょう》として、大きな武士団が成長し始めました。その代表が桓武平氏と清和源氏です。やがて平氏と源氏は、地方武士団を広く組織し、武名と武芸を継承する軍事貴族（武家）となるのです。

そういった時代背景の中、地方武士の実力を中央貴族に認めさせた事件が起こります。藤原純友と平将門の乱です。事件が起こったのは、十世紀半ばより少し前、ちょうど藤原忠平が朱雀天皇の摂関を務めた時期でした。イメージとしては、地方武士団の成長は、摂関政治の確立と併行しておこなわれたと考えてよいでしょう。実際、清和源氏は、代々、藤原摂関家に仕え、諸国の受領を歴任して摂関家を支えました。

一〇六八年、藤原摂関家を外戚としない後三条天皇が即位し、藤原頼通が引退します。後三条天皇は即位の際、すでに壮年であり、大江匡房《おおえのまさふさ》らのちの院政を支える人材を発掘し、即位の翌年には、中学の教科書にも取り上げられている「延久の荘園整理令」を発しました。

十一世紀半ばに何度か荘園整理令は出されていましたが、この延久の荘園整理令では、従来にない徹底した調査が命じられました。中央に設けられた記録荘園券契所（記録所）で証拠文書の審査がおこなわれ、整理の対象となる新立荘園（一〇四五年以降にあらたにできた荘園）以外でも、券契（証拠文書）の明らかでないもの、国司の任務の妨げになるものはすべて停止されました。それは摂関家の荘園も例外ではありませんでした。時々、慈円《じえん》の『愚管抄《ぐかんしょう》』に、藤原頼通が「どうして証拠書類などあろうかと反論したため、天皇の計画は狂ってしまった」と書かれていることから、効果がなかったという誤解をしている人がいます。確かに、摂関五十年の功績を考慮して頼通の荘園は例外としましたが、他の者の荘園に対しては断行したため、かなりの効果をあげました。

一方で、公認した荘園については、荘園と公領の範囲を画定したうえで、荘公の別なく土地に税を課すことがはかられました。逆にいえば、このことで公認された荘園はその所有権をはっきりと認められたわけであり、ここに一国は、荘園か公領かのどちらかであるという体制（荘園公領制）が確立しました。

そして、荘園の領域紛争や税の免除は、それまでの国司レベルではなく、中央の陣定や記録所で争われることになりました。荘園整理は、摂関家領荘園などを削減することだけではなく、中央の支配権を拡大させることも目的であったのです。

†白河院政と鳥羽院政

即位後三年で死去した後三条天皇から皇位を譲られたのが、白河天皇でした。白河は十数年にわたって親政をおこないましたが、一〇八六年に突如、八歳の堀河天皇に譲位し、院庁《いんのちょう》を開いて、上皇として天皇を後見して政治の実権を握る院政を開始しました。そして、堀河天皇が死去し、孫の鳥羽天皇が即位すると、本格的に院政を進めたのです。

白河上皇は、院庁の役人である院司には、摂関政治では不遇だった中・下級貴族を取り込み、院の御所に北面の武士を組織しました。政治の中心は依然として太政官でしたが、公卿の会議を院御所で開くようにして、院の影響力が及ぶようにさせ、さらに叙位・除目へ介入して人事権を行使しました。

かつて東京大学の入試問題に、「鳥羽天皇が即位したとき、外戚であった藤原公実《きんざね》が、摂関政治の時代には外戚の立場にある者が摂関になった慣行があることなどを理由に、鳥羽天皇の摂政にするよう祖父の白河上皇に迫ったが、上皇がこれを聞き入れなかった」ことを系図から読み取らせ、摂関政治の時代と院政期とで、権力者がそれぞれどのような関係に頼って権力を維持していたかを答えさせるもの（一九八三年度第一問）がありました。

実は、東大はその数年前にも同じ出題をしていました。一九八三年度の出題は、前回の受験生の答案の出来が非常に悪かったことを告げ、さらに点数の低かった答案の例を示して、受験生に再度考えさせるという、それまで例を見なかったものだったのです。

ぼくが考える解答のポイントは、「摂関政治の時代は、実権を握るためには天皇との外戚関係が重要であり、摂関も外戚の地位とともに移動した。それに対して、院政期は、上皇が天皇家の家長として直系の天皇を後見しながら、法や慣例にとらわれない専制的な院政をおこない、天皇の外戚の地位は、権力の獲得には直結しなかった」です。

また、院政期の学習において生徒がなかなか理解できないのが、知行国制です。知行国制の説明としては、今は廃刊になってしまった三省堂の教科書が一番わかりやすいでしょう。

> 荘園公領制のもとでは、国衙領の収益は国司のものとして確保されていたから、この収益を特定の公卿や寺院・神社にあたえる知行国制というあらたな制度がつくられた。これをえて知行国主となった上皇・貴族・大寺院・大神社は、子弟や近臣を国司

（守）に任命して国内支配を行なわせ、国衙領からの収益を得ようとした。その後、院が知行国の分配権をにぎるようになると、知行国制は院政の財政基盤の一つとなった。
（『日本史B　改訂版』三省堂、七十四頁）

知行国主は、国司の任免権を持っており、その国司を通じて、支配権を与えられた国（知行国）の公領から上がる収益を手に入れようとしたのです。

鳥羽上皇の時代には、院の権威が高まったことにより、院への荘園の寄進が集中しました。これを院庁下文《くだしぶみ》（院庁からくだされる文書）によって公認することで、膨大な皇室領荘園が形成されたのです。例えば、鳥羽上皇が娘の八条院暲子《しょうし》に伝えた八条院領だけで約百カ所ありました。これは摂関家領全体よりも多く、さらに皇室領荘園には、後白河上皇が自らの持仏堂（日常的に拝む仏像を安置する堂）に寄進した長講堂領約九十カ所などもありました。

有力寺社も大規模な荘園群を領有しました。院政期には南都北嶺とよばれた興福寺（南都）と延暦寺（北嶺）が、僧兵という独自の軍事力を擁し、神木や神輿をおしたてて強訴を繰り返し、朝廷を苦しめました。訴えの多くは、荘園の境界や支配権をめぐるものでした。さらに、興福寺は藤原氏の氏寺だったため「興福寺の意に沿わない公卿を藤原氏から除名する」ことができました（放氏の制）。この対応のためにも朝廷は、武士の力を必要としたのです。

保元・平治の乱の歴史的意義

摂関家に仕える軍事貴族であった清和源氏は、十一世紀前半に房総半島でおきた平忠常の乱の鎮定から、十一世紀半ばの前九年合戦、さらに後半の後三年合戦によって、東国における武家の棟梁としての地位を築きました。しかしその後、一族の内紛などにより、白河・鳥羽院政期にはその地位は落ちていってしまいます。その一方で、急速に中央政界で勢力を広げたのが平氏でした。

そういったなか、十二世紀の半ば、皇位継承をめぐって、鳥羽上皇と崇徳上皇との対立が始まります。鳥羽上皇の意思で後白河天皇が即位することになると、亀裂はいっそう深まりまし

	勝	負
皇室	後白河天皇（弟）	崇徳上皇（兄）
摂関家	藤原忠通（兄/関白）	藤原頼長（弟/左大臣）
源氏	源義朝（子）	源為義（父）
平氏	平清盛（甥）	平忠正（叔父）

保元の乱関係図

た。この背景には、崇徳が実は鳥羽の子ではなく、祖父白河の子（叔父子）であったという説があります。これについては様々な方面から検証がおこなわれていますが、真偽は明らかではありません。ただ、白河は、それくらいのことはやりかねない人だったことは確かでした。

鳥羽上皇が死去すると、この対立に摂関家の兄弟による氏の長者争いがからんで、双方が武士を動員した戦いが起こりました。これが保元《ほうげん》の乱（一一五六年）です。

後白河天皇は、乱に勝利し、崇徳上皇方の勢力を一掃します。そして、学者でもあった信西（藤原通憲）の主導で、天皇を頂点とする新秩序を宣言し、寺社に対する厳しい統制や荘園整理を命じ、大内裏の造営などを進めたのです。

その後、一一五九年に起こる平治《へいじ》の乱について、教科書には次のように書かれています。

> 院政を始めた後白河上皇の近臣間の対立から、一一五九（平治元）年には、清盛と結ぶ通憲に反感をいだいた近臣の一人藤原信頼が、源義朝と結んで兵をあげ、通憲を自殺に追い込んだ。だが、武力にまさる清盛によって信頼や義朝は滅ぼされ、義朝の子の頼朝は伊豆に流された（平治の乱）。
>
> （『詳説日本史B』山川出版社、九十一頁）

ここでは短く説明されていますが、この乱を巡る人間模様と駆け引きは、実はもの凄く複雑です。

藤原信頼は、平清盛が熊野詣で不在の時を選び、源義朝と結んで内裏・院御所・信西邸を急襲し、後白河上皇と二条天皇を内裏に幽閉しました。しかし、天皇が清盛邸に、上皇が仁和寺に脱出したことで形勢が逆転したのです。

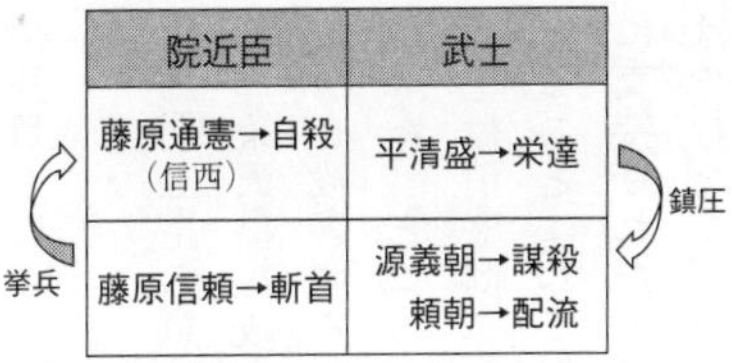

平治の乱関係図

その当時、後白河院政派と二条親政派が対立していました。「暗主」と言われた後白河とは対象的に二条天皇は「末世の賢王」と賞賛された人物だったため、二条天皇即位後、孤立無援に陥りそうだった後白河は、自分を支える人材として藤原信頼を大抜擢しました。一方で、後白河親政を進めた信西（通憲）は、もともとは鳥羽上皇の側近であり、二条天皇との関係も近い存在でした。そのため、信頼が信西を憎むのは理解できますが、後白河まで幽閉した理由がわかりません。

河内祥輔氏は、その著書『保元の乱・平治の乱』のなかで、『愚管抄』には、信頼が後白河を拘束したとは書かれていないことなど

に注目し、

鳥羽上皇の意向は、後白河は二条即位までの中継ぎに過ぎず、信西は、鳥羽の遺志である二条天皇親政を実現させる役割を担っていた。この事件は、後白河が藤原信頼に命じて、信西を殺害するために仕組んだものであった。だから源義朝は、平清盛の帰途を襲撃しなかった。ところが、二条親政派の藤原公教《きんのり》が動き、平清盛が二条天皇側についたことで、天皇は清盛邸に脱出することに成功した。そのことを知らされた後白河は、中立の姿勢をとることにして仁和寺に移った。しかし、公卿たちが清盛邸に結集したことで、公家社会に支持された天皇が、父の上皇と対決するという構図になることを避けるために、後白河はやむなく、自身がいる仁和寺に逃げ込んできた信頼を、弁明の機会を与えず切り捨てた。

という説を唱えられています。

さすが「日本国第一の大天狗！」「マキャベリズムの権化！」ある意味、カッコイイ!?真偽はわかりませんが、ぼくとしては、目から鱗が「ボロボロ」落ちました。

いずれにしても、この二つの乱は、貴族社会内部の争いも武士の実力で解決されることを明らかにしたものとなり、武家の棟梁としての平清盛の地位と権力を急速に高めることとなりました。

†平氏政権が後世に残したもの

「平氏政権は、著しく摂関政治に似たものであり、武士でありながら貴族的な性格が強かったことが、公武双方からの強い反発を受けた」という説明をよく聞きます。確かに、武士で最初の太政大臣となった清盛は、娘徳子（建礼門院）を高倉天皇の中宮に入れ、その子の安徳天皇を即位させ外戚として威勢をふるいました。

そういった側面は確かにありますが、平氏政権は「地頭の設置と日宋貿易」という日本史上に大きな足跡を残しています。

最初に家臣を地頭に任命したのは、平清盛です。清盛は、平安時代末期に各地で成長した武士団の一部を、荘園や公領の現地支配者である地頭に任命することで、西国一帯の武士を家人、つまり従者にすることに成功しました。この家人が、鎌倉時代には御家人とよばれるようになります。つまり、平氏のアイディアとシステムを源頼朝が活用したといえるのです。

また、日宋貿易には、清盛の父である忠盛の頃から、平氏は関係していました。清盛は、摂津の大輪田泊《おおわだのとまり》（現神戸市）を修築して、瀬戸内海航路の安全をはかり、それまでの貿易拠点であった博多から、畿内への宋商人の招来に努めて、貿易を推進しました。広島県の厳島神社は、航海安全の神を祭り、平氏の崇敬を受けたため、その隆盛とともに栄えました。厳島神社の宝物館にある「平家納経」(国宝)は華美を極め、当時の工芸を現代に伝える一級史料でもあります。

この清盛の積極的な対外政策が、平氏政権の経済基盤の一つになったことはよく言われます。それとともに、宋船のもたらした多くの事物、特に宋銭や書籍が、以後の日本の経済や文化に大きな影響を与えたことは、忘れられてはならないと思います。

平家納経

出典:『原色版国宝5』平安Ⅲ、毎日新聞社、嚴島神社所蔵

†院政期の文化の特徴

最後に文化の話をまとめましょう。院政期の文化は二つの特徴に集約されます。それは、浄土教文化の広まりと、庶民の文化に中央貴族が関心をもったことです。

白河・鳥羽・後白河の三上皇は、いずれも仏教に帰依し、出家して法皇となり仏教によって権威を高めました。この時代、天皇を中心にした為政者による国の守り方を指す「王法」と仏教者による国の守り方を指す「仏法」という言葉が生まれます。一見すると、それぞれは対立しそうですが、現実には、相互に依存していました。そのため多くの寺院が建立されたのです。後白河法皇が平清盛とともにつくった蓮華王院の本堂（三十三間堂）には、多くの仏像が安置され、盛大な法会が開かれました。この世の浄土と見立てた熊野への御幸（熊野詣）も白河法皇九度、鳥羽法皇二十一度、後白河法皇三十四度という数に及びました。あわせて、これらの費用を調達するために成功《じょうごう》などの売位・売官の風習が盛んになりました。

さらに聖や上人とよばれる寺院に属さないフリーの僧侶によって地方に浄土教が広まり、豪族や武士などによって優れた建築物や美術品がつくられました。その代表が奥州藤原氏による平泉の中尊寺金色堂（国

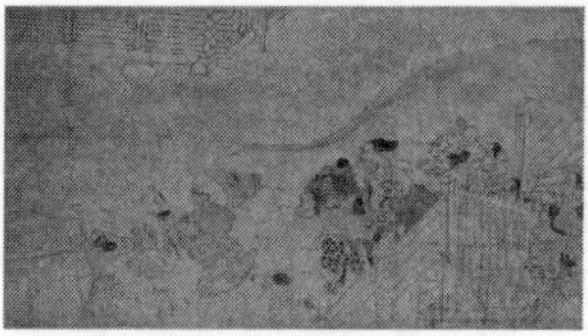

信貴山縁起絵巻　飛倉

出典：『原色版国宝 5』平安Ⅲ、毎日新聞社

中尊寺金色堂

出典：wikipedia

宝）や、豊後の富貴寺大堂（国宝）などの阿弥陀堂建築です。

貴族の庶民文化への関心は、説話文学の大作である『今昔物語集』が編纂されたことや、庶民芸能であった田楽や猿楽が貴族の間でも流行し、祇園祭や大寺院での法会でも演じられたことばかりではありません。美術品にも大きな影響を与えました。

大和絵は、絵と詞書とを織りまぜて表現する絵巻物によって発展しましたが、その中の「信貴山縁起絵巻」や「伴大納言絵巻」、そして四天王寺の扇面古写経には、貴族の姿とともに庶民の様子が生き生きと描かれています。これらはいずれも国宝に指定されています。

†後白河法皇と今様

一一七九年に平清盛に幽閉される後白河でしたが、その翌年から治承《じしょう》・寿永《じゅえい》の乱とよばれる、いわゆる源平合戦が始まります。そのなかで後白河が、源頼朝を利用して平氏を滅亡させ、併行して源義仲を排除し、さらには源義経に頼朝を討たせようと謀ったことは、よく知られています。まさに「日本国第一の大天狗」でしょう。彼に良いイメージは持ちにくいのではないかと思います。そこで一つ、彼の違った顔を紹介します。

後白河が今様の師と仰いだのは、名手と評判の高かった乙前《おとまえ》という老遊女でした。出会ったときに乙前はすでに高齢であったので、男女の関係があったとは思えません。社会的身分は帝王と遊女でしたが、芸の上では逆転した師弟関係でした。後白河は彼女を心から敬愛していました。その乙前が八十四歳で死の床に伏した時のことが『梁塵秘抄口伝集』に残されています。その概要は次のとおりです。

乙前が重い病気になった。容態が悪くなったと知らせがあったので、近くにつくっていた彼女の家に、すぐにこっそり見舞いに出かけた。弱っているように見えたので、御仏と御縁を結べるよう、法華経の一巻を読んで聞かせた後、「私の歌を聴きたいですか?」と言ったら、喜んですぐにうなずいた。そこで、どんな病気も治るという今様を二、三回ほど繰り返し歌って聞かせたのを、乙前はお経よりもありがたがって、「この御歌を聴かせていただき、命も長らえましょう」と、手をすりあわせて喜んで泣きに泣くありさまを、不憫に思いながら帰ってきた。

その後、仁和寺に参籠しているときに、彼女が亡くなったという知らせが届いた。もう惜しむほどの年齢ではないけれど、長年親しくしてきたから、哀しくてたまらない。先立つ者と残される者がいるこの世のことわりは今に始まったことじゃないが、あれこれ思いがこみ上げてくる。たくさんの歌を教わった先生だから、彼女の死を知らされた時から一年間供養のために経を読み、最後に彼女に習った山ほどの今様を歌って後生を弔った。

遊女であった乙前は、生きるために芸だけではなく、からだも売ってきたのでしょう。決して良い人生ではなかったと思います。それでも、後白河と出会ってから死ぬまでの日々は、本当に楽しく幸せだったに違いありません。

五時間目の冒頭で、後白河の今様狂いは、単に彼の嗜好によるものばかりではなく、動乱の時代に王権を維持するための、極めて高度な政治的意味があったとする意見も出されていると述べました。その一つを紹介します。

後白河法皇研究に新たな視点を開いた棚橋光男氏は、遺稿集『後白河法皇』のなかで、平家が六波羅を権力拠点とした理由を、「零細な手工業者や交通業者、遊行の芸能者などが混住する地域（河原）は、情報集散の基地、交通・情報ネットワークのサブセンターであり、六波羅はその地域にくさび型に喰い込む場所だった」からだと述べています。そのうえで後白河の意図を、次のように説いています。

後白河が内裏をさっさと出てしまって、六波羅をめぐる周縁部に次々と居所＝拠点を設けたのは、平家と同じ理由であり、荘園公領制という経済システムの心臓部を握る交通・

情報ネットワークを掌握するためであった。後白河にとって、それを担う社会集団である零細な手工業者、交通業者、陰陽師・呪術者・遊女・舞人・白拍子・傀儡子《くぐつし》等集団との間に太いパイプを施設することこそが政治課題であった。王権と文化（芸能）と漂泊の社会集団の三つを紡ぎ合わせる網目こそが、後白河が王権の中世的再生をはかるための生命線であった。

この時代、民衆文化が貴族社会にも流行し、大切な祭礼や大寺院での法会にも用いられていたことは、先に述べました。また、文化には政治・社会を変容させる力があることは、嵯峨天皇が示したとおりです。平安末期の文化の担い手は、今様などを歌い舞う遊行の芸能者たちでした。

それでは、王権と文化（芸能）と漂泊の社会集団の三つを紡ぎ合わせるために、必要だったものは何だったのでしょう。それは、都城や既存の機構や制度などではなく、王権の人格、つまりは、帝王後白河自身の文化的カリスマ性だったのです。それこそが、中世王権の権力と権威の源泉となるものだったと棚橋氏は主張しています。

この説に従えば、後白河が、御所でおこなう自らの今様コンサートに民衆をどんどん入れたのも、平治の乱の後、滞在した屋敷の桟敷から京の街の様子を眺めたり、民衆を呼び寄せたりしたのも、熊野詣をはじめとした諸寺社への頻繁な参詣も、帝王自身が民衆に姿を現し、その文化的カリスマ性を知らしめすという、高度な政治的意図があったことになります。

棚橋氏は、「彼（後白河）は信西よりは遥かに深く〈中世〉のなかで生きていた」とも書かれています。

二〇〇五年、「はっきりと国民の皆様に問いたい」と、直接国民に呼びかけ、衆議院を解散した総理大臣がいました。小泉純一郎氏です。総選挙の結果は、周囲の予想を裏切る空前の大勝利でした。マスコミはそれを「劇場型政治」と非難しました。これはポピュリズムの訳語とされ、その定義は「一般大衆の利益や権利、願望、不安や恐れを利用して、大衆の支持のもとに既存のエリート主義である体制側や知識人などと対決しようとする政治思想、または政治姿勢」となっています。

この定義に従えば、一般大衆と直接向き合い、その支持のもと、あらたな王権の姿をつくりだそうとした後白河は、「日本最初の劇場型政治家」とよべるかもしれません。

六時間目▼執権北条氏の政治的立場 鎌倉時代

——将軍になれなかったの？　ならなかったの？

†鎌倉幕府はいつ成立したのか

二〇一六年に、インターネット上でとある四コマ漫画を見つけました。「タレントのオーディションを受けていた女性が鎌倉幕府成立の年代を答えさせられて、若い子が一一八五年と答えるなかで、一一九二年と言ってしまったため、年齢詐称がばれる」というものです。現在、「鎌倉幕府成立は〝イイクニつくろう〟ではなく〝イイハコつくろう〟です」と書いている本やサイトも見かけるようになりました。

一一八五年成立説は、今から十年ほど前の二〇〇六年ごろから広まったと言われています。その背景には、高校日本史の教科書のなかで、最もシェアの大きい山川出版社の『詳説日本史B』の影響があるのではないかと思います。二〇〇六年三月検定済の『詳説日本史B』には、次のように記されていました。

（一一八五年に）諸国に守護を、荘園や公領には地頭を任命する権利や一段当たり五升の兵粮米を徴収する権利、さらに諸国の国衙の実権をにぎる在庁官人を支配する権利を獲得した。こうして東国を中心にした頼朝《よりとも》の支配権は、西国にもおよび、武家政権としての鎌倉幕府が確立した。（略）一一九二（建久三）年、後白河法皇の死後には、征夷大将軍に任ぜられた。こうして鎌倉幕府が名実ともに成立してから滅亡するまでの時代を鎌倉時代と呼んでいる。

（『詳説日本史B』二〇〇六年三月検定済版、八十九〜九十頁）

これを見ると、「守護・地頭が設置された一一八五年をもって鎌倉幕府確立、一一九二年の征夷大将軍就任で名実ともに成立」と読み取れます。そして、二〇一七年に発行されているこの教科書では「一一八五年に確立」のみとなっており、「名実ともに成立」の記載はなくなっています。また、同じ山川出版社から刊行されている『高校日本史B』でも同様に書かれています。

それに対して、東京書籍の『新選日本史B』は「征夷大将軍に任じられた。（略）ここに鎌倉幕府が名実ともに成立」のみです。実教出版の『日本史B』では「後白河法皇はこの機会をとらえ、頼朝に東国支配のための広範な権限を与えた。このとき与えられた権限が、東国に特殊な権限を有する鎌倉幕府の出発点となった（寿永二年十月宣旨）。（略）一一九二（建久三）年、後白河法皇の死後に頼朝は待望の征夷大将軍に任命され、名実ともに鎌倉幕府が東国の新天地を拠点として成立した」と、別の視点で書かれています（寿永二年は一一八三年）。

ただし、山川出版社の教科書でも『新日本史B』は、鎌倉幕府がどの段階で成立したかについては、一切触れていません。頼朝が南関東を掌握してから、征夷大将軍に任命されるまでの過程を示して、「頼朝に始まる武家政権を鎌倉幕府と呼んでいる」と記しているだけなのです。

ぼくは、この『新日本史B』の記述が、本来あるべき教え方だと考えています。

六時間目は、今なお、教科書の記述が分かれる鎌倉時代について、執権北条氏の足跡を中心に学んでいこうと思います。

†幕府成立の過程

鎌倉幕府成立の過程をまとめると、次のようになります。

一一八〇年に挙兵した頼朝は、緒戦で敗れるも勢力を回復し、南関東を掌握しました。これがステップ一です。

さらに一一八三年には平氏の都落ちののち、後白河法皇と交渉して、東海・東山道の東国一帯の支配権を公認されました（寿永二年十月宣旨）。これがステップ二です。

翌年の一一八四年には、法皇の要請に応じて弟の義経・範頼を上洛させて義仲を討ちます。このことで十月宣旨には含まれなかった北陸道の支配権も得ます。朝廷の軍事権を掌握した頼朝は、義経を平氏追討軍として西国に派遣し、没収した平氏の所領（平家没官領《へいしもつかん》）を法皇より与えられ、経済基盤も固めていきました。さらに、同年、頼朝は幕府の重要な機関となる公文所（のち政所）と問注所を設置しました。これがステップ三です。

平氏が滅亡したのと同じ一一八五年、頼朝は、後白河法皇が義経に与えた頼朝追討令を撤回させるとともに、義経らを追討する名目で、諸国に守護を、荘園・公領ごとに地頭を任命する権利を要求し、さらに諸国国衙の在庁官人（現地の役人）に対する命令権を後白河法皇に認めさせました。これがステップ四です。

頼朝から追われることになった義経は、陸奥の平泉を拠点とする奥州藤原氏の藤原秀衡《ふじわらのひでひら》を頼ります。奥州藤原氏は、東北支配のために、自らを蝦夷や北方の海洋民族を従える頭領と呼んで威厳を示す一方で、朝廷に対してはその支配下にあるという姿勢をとり、交易や金・馬などの産出物による富をもって院や摂関家とも通交する存在でした。これは、頼朝にとっては大きな脅威でした。しかし、秀衡が死去すると、頼朝は圧力をかけて、秀衡の子の泰衡に義経を殺害させ、一一八九年には義経をかくまったことを理由に、全国から動員した大軍を自ら率いて、奥州藤原氏を滅ぼしました。平泉に入った頼朝は、その整った都市景観と豊富な財宝に衝撃を受け、鎌倉の都市建設にあたって手本としたといわれています。

奥州を支配下に置き、武家の棟梁としての地位をゆるぎないものにした頼朝は、翌年の一一九〇年、上洛して朝廷の官職（右近衛大将）につきます。ステップ五です。

そして後白河法皇の死後の一一九二年、頼朝は東国の支配者を象徴する官職として征夷大将軍に任じられました。これがステップ六です。

このようにステップを一つひとつ積み上げていって、幕府は段階的に成立したと理解するのが妥当でしょう。これが、ぼくが『新日本史B』の記述が、本来あるべき教え方だと考える理由です。

かつては、頼朝は征夷大将軍就任を待望したが、後白河が絶対に認めなかったため、法皇が死んでようやく将軍職に就任することができたとも言われていました。そのため、入試問題でも「頼朝を征夷大将軍にしたのは後白河法皇ではない」ことへの理解を測る出題がなされたことがあります。

しかし、実際の頼朝は征夷大将軍職にはこだわっていなかったようです。このことは、最近になって言われ始めたのではなく、すでに一九三〇年代に石井良助氏によって唱えられていました。では、なぜ、長い間、征夷大将軍になった時をもって幕府成立とされてきたのでしょうか。

これは、あくまで推論なのですが、徳川家康の影響があるのではないかと思います。家康は、征夷大将軍になりたくてたまりませんでした。就任の儀式は朝から長時間にわたっておこなわれ、家康は終始上機嫌だったと伝えられています。この家康の姿に振り回され、頼朝に関しても同じだったと思い込んだのではないか。

しかし、征夷大将軍職が武家政権の長たる者の象徴とされ、その居館を意味する幕府が武家の政府の名称となったのは、頼朝以降のことです。極論ですが、頼朝が征夷大将軍職に就かず、右近衛大将のまま武家政権を運営していたら「右近衛大将＝武家政権の長」と認識されていたのかもしれません。

この例からも、歴史を学ぶにあたっては、先入観や思い込みにとらわれず、史料等に忠実に向き合わなければならないことを改めて感じます。

†承久の乱

一二一九年、三代将軍であった源《みなもとの》実朝《さねとも》が、二代将軍頼家《よりいえ》の遺児公暁《くぎょう》に殺害されるという事件が起こります。そして、この実朝の死が、朝廷と幕府の対立を決定づけることとなるのです。

ぼくが新規採用教員だったころ定期購読していた日本史の受験雑誌には「実朝が異例の昇進を遂げたのは〝官打ち〟(官職が分不相応に高くなることで、かえって不幸な目にあう)だった」と書かれていました。これは、鎌倉時代に書かれた『承久記』という軍記物語以来、言われてきたことですが、実は、これも誤りではないかと言われています。

三代将軍実朝が、和歌に親しみ、蹴鞠を喜び、狩りに出る代わりに、しばしば歌会を催すほど、京都の雅やかな公家文化に強い憧れをもっていたことは事実です。そのため、後鳥羽上皇は、

山はさけ　海はあせなむ　世なりとも　君にふた心　わがあらめやも

山が裂けて、海は干上がる世であろうとも、後鳥羽上皇を裏切ることは決してないとまで歌う将軍実朝をとおして、幕府をコントロールしようとしていました。実際、北条政子は、結婚して十五年たっても子どもができない実朝の後継者として、後鳥羽上皇の皇子を迎える交渉を、上皇側近の女房と進めていました。その矢先に、実朝は暗殺されたのです。

幕府側は、後継の将軍をいただくべく、有力御家人一同が連署した上奏文を携えた使者を京都に送りますが、予想に反して上皇から良い返事をもらえません。その一方で、上皇は、院近臣を鎌倉に送り、実朝の死を弔うとともに、上皇の寵姫《ちょうき》の所領にいる、領主の命令をきかない地頭の罷免・廃止を幕府に要求し、皇族将軍の問題と地頭の罷免問題をからめてきたのです。しかし、幕府はこれを拒否しました。御家人の所領の保障は、幕府にとって存在意義そのものに関わることだったのです。幕府側は、北条義時《よしとき》の弟時房《ときふさ》が、千騎の兵を率いて上洛し、再度の交渉に臨みましたが、両者一歩も譲りませんでした。

結局、交渉は決裂し、幕府側は、頼朝と関係の深かった摂関家（九条家）の二歳の子を摂家将軍として迎えることになりました。これが四代将軍となる藤原頼経《ふじわらのよりつね》です。この交渉では、上皇と幕府上層部の双方が相手のかたくなさに驚くとともに、お互いの溝を深めることになりました。こういった経緯があり、後鳥羽上皇は、義時追討を決意するに至ります。

一二二一（承久三）年五月、後鳥羽上皇は、「流鏑馬揃《やぶさめぞろ》え」（大規模な流鏑馬大会）と称して諸国の兵を招集しました。院の警備のために設けられていた北面の武士・西面の武士をはじめ、畿内・近国、そして在京中だった武士千七百余騎が集まります。そのなかには、幕府の初代政所の長官を務めた大江広元《おおえのひろもと》の子親広《ちかひろ》の姿もありました。当時、親広は幕府の出先機関である京都守護を勤めるため在京しており、彼は、上皇に呼び出されイエスかノーかと迫られて上皇方に加わりました。大江広元の子が参加したくらいですから、京都大番役（天皇・院の御所を警備する御家人の奉公）で上京していた諸国の御家人も大勢が上皇方に参加します。

朝廷において親幕府派の筆頭であった西園寺《さいおんじ》公経《きんつね》・実氏《さねうじ》父子は、ただちに逮捕・拘禁されました。また、在京の御家人のなかで唯一上皇の命を拒んだ、京都守護を勤めていた伊賀《いが》光季《みつすえ》は、館を襲われて討ち死にします。そして、義時追討の院宣が発せられ、承久の乱が始まります。

二日で京都を制圧した上皇方の士気はあがり、御前会議では「義時が朝敵となった以上、彼に従う連中が千人を超えることはないだろう」という楽観論が続出しました。そのため「義時とともに戦う武士が万をくだることは絶対にありません。この私でも関東におりましたら、むろん義時方についたでしょう」という一関東武士の直言は、いたずらに上皇を不機嫌にしただけであり、まったく問題にされませんでした。

上皇方は、三浦氏をはじめとする有力御家人に宛てて、義時追討の院宣と「宣旨に従えば恩賞はほしいままにとらせる」という添え状を使者に持たせて関東へ急がせました。しかし、使者は、鎌倉に入ると同時に捕らえられてしまいます。それは、京都で討ち死にした伊賀光季と捕らえられた西園寺家のファインプレーがもたらしたものでした。彼らが送った京都の異変を伝える使者が、先に鎌倉に到着していたのです。

京都に不穏な動きがあることはうわさになっており、幕府も警戒していましたが、それ以上に事態は深刻だったのです。

朝敵となる

あの偉大な源頼朝でさえ、挙兵のときは後白河上皇の皇子以仁王《もちひとおう》が出した「平氏追討の令旨《りょうじ》」を旗印とし、以仁王が戦死した後も、まだ生きていて頼朝軍に迎えられているかのように偽装して、朝敵の名を逃れようとしたほどです。今回は、大義名分となるものは何もありません。急を聞いて将軍御所に駆けつけた武士たちを前に、尼将軍北条政子は「頼朝の恩は山よりも高く海よりも深い」という言葉を発し、檄を飛ばします。これにより、御家人たちは、幕府ができる以前のみじめな生活を思い出し、鎌倉を守る決意をしました。

その日の夕刻開かれた首脳会議の多数意見は、今の言葉でいうと「専守防衛」でした。それに対して眼病で失明寸前だった大江広元が「防御に専心したのでは、関東武士に動揺が起こる心配がある。直ちに京都を攻撃すべきだ」と主張しました。この意見を北条政子も支持し、会議では出撃が決定しますが、軍勢の集まりを待っている間に、慎重論がまた勢いを取り戻してしまいます。しかし、翌々日の会議では、再度広元が即時出撃を主張し、重病をおして参加していた初代問注所長官の三善康信《みよしのやすのぶ》がこれを全面的に支持しました。

ここで北条氏は賭けにでました。軍勢が集まるのを待たず、義時の長子泰時《やすとき》を総大将とするわずか十八騎で京都に向けて出発したのです。その結果は、皆さん御存知のとおりです。幕府軍は京都に近づくにつれ大軍となっていきました。こうなれば「勝つ方につく」のが武士の世界です。

その戦いの締めくくりに次のような話があります。

最後の一戦となった京都の入り口、宇治川での攻防戦で、善戦むなしく敗れた上皇方の将、藤原秀康・三浦胤義《みうらたねよし》・山田重忠らが、最後の一合戦をと上皇の御所に駆けつけたところ、門はかたく閉ざされていて、上皇からは「武士どもならここからいずれなりとも落ちていけ」と言われた。おまえらを入れると幕府軍に攻撃目標とされるからという理由だった。これにはさすがの武士たちも憤慨して大声でののしったが、それも後の祭りだった。

これが史実であるかどうかは不明です。しかし、後鳥羽上皇がたちまち義時追討の院宣を取り消し、今度のことはすべて謀臣たちの企てであったとして、最後まで上皇方として戦った藤原秀康・三浦胤義らを追討する命令を出し、以後は何事も幕府の意向どおりにしようと北条泰時に申し出たことは事実です。

後鳥羽上皇は、文武両道どころか武芸百般・文芸百般に通じており、この人にできないことってあるのだろうかと思わせるような人物でしたが、結局は、その政治的無責任によって身を滅ぼしたと言えます。

†承久の乱の歴史的意義

乱後、幕府は上皇方だった人々を厳しく罰しました。首謀者であった後鳥羽上皇・順徳上皇らを隠岐や佐渡に配流し、あらたに六波羅《ろくはら》探題《たんだい》をおいて朝廷を監視し、西国の統轄に当たらせました。また、上皇方の公武の所領三千余ヵ所を没収し、功績のあった御家人らをその地の地頭に任命しました。没収した所領は畿内・西国に広がっており、これが幕府の支配が全国に及ぶきっかけとなりました。

高校日本史では「この乱によって、朝廷と幕府との二元的支配の状況は大きくかわり、幕府が優位に立って、皇位の継承や朝廷の政治にも干渉するようになった」(『詳説日本史B』山川出版社)と書かれています。そして、このことを象徴するエピソードがあります。

承久の乱において、わずか十八騎で出陣した北条泰時が、翌日、一人戻ってきて、天皇自らが京方の先頭に立って進撃してきた場合の処置について尋ねたとき、義時が「よく気付いた。その際は天皇に弓を引くことはできないから、ヨロイを脱ぎ、弓の弦を切って降伏せよ」と答えたという話が『増鏡』に記されています。

それから二十年余り後には、幕府と天皇の関係は大きく変わります。一二四二年、十二歳であった四条天皇が急死しました。皇位継承者は決まっておらず、候補者には、承久の乱に積極的に参加して佐渡に流されている順徳上皇の皇子忠成《ただなり》王と、倒幕に反対だった土《つち》御門《みかど》上皇の皇子邦仁《くにひと》王の二人があるだけでした。

忠成王は、承久の乱のときには親幕府派の筆頭として逮捕・拘禁され、乱後は京都政界の中心となっていた西園寺公経と、四代将軍となった藤原頼経の父にして元摂関であった九条道家とを外戚としている、圧倒的な有力候補でした。そのため、朝廷は急使を発して幕府にこれを告げ、忠成王の即位を期待します。

しかし、その時の執権である北条泰時は邦仁王を選びました。この判断は、倒幕首謀者の子と倒幕反対者の子のどちらかを選ぶわけですから、当然だと言えます。この決定を伝えるために使者が京都に向かうのですが、彼もまた戻ってきて、泰時に尋ねました。「順徳上皇の皇子が、すでに皇位に就いていたらどうすればよいですか」と。それに対して泰時はこう答えたと言われています。

「よく気付いた。かれこれ言うことはない。そのときは皇位からおろしなさい」

かつては朝廷の権威の前にたじろいでいた泰時が、二十年後には、堂々と幕府の優位を主張しているのです。この二つの話がともに創作だったとしても、朝幕関係の変化をよく表していると思います。

さらに、承久の乱は人々の政治思想も転換させます。『愚管抄』を書いた慈円は乱の結果を、後鳥羽上皇の失政が原因とし、多くの人々もそれに同意見でした。そして「天皇は〝天皇〟であるがゆえに正当な支配者たりえるのではない。君主は、道徳に基づく善政を敷かねばならず、そうした支配者こそが君主たりえるのだ」という徳治政治の思想が、人々の間に定着していったのです。

北条氏による執権政治が大きく前進する要因はほかにもありました。乱で京方に味方した者のなかには、かつての源氏将軍の縁故者や関係者が多かったため、承久の乱は、幕府内部の対立もはらんでいました。北条氏は乱の勝利によって、幕府内において、かつて支配層であった者たちを一掃することにもなったのです。

†執権北条氏はなぜ将軍にならなかったのか

日本史の教員をしていて「おもしろい」と思うことの一つは、それまで成績が低空飛行で、授業中、半分ふて腐れていたような生徒が、日本史を起爆剤にして生き返ることです。そして、そんな生徒たちは、時にこちらが予想もしていなかった質問をしてきます。他の生徒なら「今更何を……」と思うようなことでも、彼らの単純な質問が本質を突いていることがあるのです。

その例が「執権北条氏はなぜ将軍にならなかったのか」です。一人の女子生徒が、

「摂家将軍とか皇族将軍とか、苦労していろいろよんでくるぐらいだったら、一番力があったのだから、北条氏が将軍になれば良かったのに、なぜならなかったのですか?」と聞いてきました。ここからしばらくは、ぼくと生徒の会話の実況中継(?)です。

野澤「将軍の正式名称は何だった?」
生徒「征夷大将軍」
野澤「正解。君たちが授業で習った最初の征夷大将軍は誰?」
生徒「坂上田村麻呂」
野澤「そのとおり。本当は彼が最初ではないのだけど、教科書で出てくるのは坂上田村麻呂だよね。で、この征夷の夷《い》ってどういう意味?」
生徒「蝦夷《えみし》……ですか?」

蝦夷は、二時間目の「領域の拡大」の項で述べたように、朝廷にとっては夷狄《いてき》として服属させる対象でした。そして、鎌倉時代後期に絶大な権力を振るった得宗《とくそう》(北条氏嫡流)を、後醍醐天皇の皇子である護良《もりなが》親王は、あえて「伊豆国の在庁官人北条時政の子孫」とよびました。在庁官人とは、地方国衙において下級役人を監督する役人です。多くは、地方豪族が現地採用されました。

野澤「護良親王ら皇族や貴族からみたら、北条氏ってどんな存在だったと思う？」

生徒「下々《しもじも》」

（ちょうど「たかまつなな」というお嬢様キャラの高学歴芸人が世に出た時期でした）

野澤「まぁ、そうだね。貴族たちは、東国武士たちのことを東夷《あずまえびす》ってよんでいたんだ」

生徒「わかった！　北条氏は、本当は将軍に退治される側だったんだ‼」

平安末期から鎌倉時代にかけて、貴族社会では天皇を中心とした家柄（家格）が確立されていきました。そのトップは摂家です。一方、後三条天皇を支えた大江匡房は地下《じげ》家であり昇殿を許されない家柄でした。その固定された身分意識のなかで、将軍には皇族や摂関に並ぶ貴種が任じられるものとされました。それに対して得宗は在庁官人という低い出自であり、さらに征討されるべき夷の系譜と見なされており、将軍になることはできなかったのです。

しかし、見方を変えれば、北条氏は将軍になる必要がなかったとも言えるのです。

野澤「三代執権って誰だった？」
生徒「北条泰時」
野澤「正解。では、泰時というと？」
生徒「御成敗式目《ごせいばいしきもく》。あと評定衆《ひょうじょうしゅう》も泰時！」
野澤「ナイス。御成敗式目は、何に基づいてつくられたのだった？」
生徒「頼朝以来の先例と道理とよばれる武士社会の慣習・道徳！　これは覚えました!!」
（ここで生徒、どや顔でVサイン）

北条氏は二代将軍頼家の時にすでに、幕府有力者十三人の合議による訴訟の裁決を始めていました。承久の乱を乗り切った義時の後、三代執権となった泰時は、執権の補佐役として連署《れんしょ》をおき、さらに有力御家人や実務官僚から選んだ評定衆を設けて、執権・連署が主導する評定衆の会議（評定）を、幕府の政策決定の最高機関としました。

御成敗式目（貞永式目）は、合議制、つまりは集団指導体制になったからこそ、誰もが納得できる公平な判断基準として必要だったのです。その基準の一つは、幕府創設者であった頼朝以来の先例（判例）でした。そしてもう一つが、「御家人なら誰もがこうあるべきだ」とされていた武士社会の慣習や道徳でした。これらはあくまで御家人社会のなかの判例やルールです。ですから泰時は式目制定にあたり、朝廷に対して「式目は律令の系譜を引く公家法や荘園領主が決める本所法とは異なることがあるが、これは御家人社会及び御家人が関係する幕府の裁判にのみ適用される」と説いて、その警戒を解こうとしたのです。

しかし、誰もが納得できる公平な判断基準としてつくられた式目は、非常に良くできていたため、その後、広く社会に流布するようになりました。さらに泰時の子で五代執権となった時頼《ときより》は、裁判の公平・迅速化をはかるために引付衆《ひきつけしゅう》をおいて、御家人たちのニーズにこたえました。

幕府の運営は、根拠を明らかにした誰もが納得できる法と、それに基づく集団指導体制で運営されており、北条氏が政治をおこなう正当性を主張するために将軍になる必要はなかったのです。

†鎌倉幕府の衰退

鎌倉幕府は関東武士たちのニーズに応えるために成立し、存続してきました。そのニーズとは生活の安定であり、具体的には生活の基盤となる所領の保障でした。つまりは経済的なニーズです。そして、支持を失う理由もやはり経済的な問題からでした。

蒙古襲来によって幕府の力が衰えたと思っている人がいますが、これは誤解です。蒙古襲来によって、幕府は西国において御家人以外の武士（非御家人）にも命令する権利を得て、九州・山陰では本来荘園領主に収められる年貢も兵粮として徴収しました。これらのことで、幕府は全国政権としての性格を強めることになりました。

蒙古襲来後は、西国の防備と九州の訴訟などを担当する機関として鎮西探題《ちんぜいたんだい》が設けられ、北条氏一門が任命されました。また諸国の守護も、有力御家人から北条氏一族への交代が次々とおこなわれました。二度の蒙古襲来を防いだ八代執権北条時宗の子の貞時《さだとき》以降は、得宗への権力集中がいっそう強まり、得宗専制とよばれるほどになるのです。

その一方で、一般の御家人の生活は苦しくなっていきました。その理由について教科書には次の三つの点があげられています。

一　蒙古襲来での犠牲に対して十分な恩賞が得られなかったこと
二　分割相続の繰り返しによって所領が細分化されたこと
三　貨幣経済の発展に巻き込まれたこと

窮乏する御家人を救う対策として、一二九七年にだされた永仁の徳政令というものがあります。御家人の所領の質入れや売買を禁止するとともに、それまでに質入れ、売却した御家人領を、無償で取り戻せるようにした法令です。

法令のなかで、御家人が年期に関係なく所領を無償で取り戻せる相手としたものに「凡《ぼん》下《げ》の輩《やから》」があります。一般庶民という意味ですが、具体的には借上《かしあげ》という高利貸しをさしています。

これについて、生徒は、分割相続による所領の細分化によって生活が苦しくなっていた御家人が、蒙古襲来による負担増などで、やむを得ず高利貸しから借金をして、所領を失ったというイメージをもつことが多いようです。しかし、実際には、それ以前より借金のために所領を奪われる御家人はたくさんいて、三代執権泰時のころから、幕府は御家人の所領の回復を何度も命じていました。永仁の徳政令は、その担保を無償で取り戻させようとしたものです。

借上とさし銭（『山王霊験記』）
出典：和泉市久保惣記念美術館デジタルライブラリー

この法令は、あくまで御家人に限定したものでしたが、幕府の意図に反して御家人以外にも適用されるなど、混乱を引き起こしました。そして、「徳政」という言葉が「借金棒引き」を意味するものとなるなど、後の社会に大きな影響を与えました。

また、「悪党」とよばれた集団も幕府を悩ませました。「悪党」というと、楠木正成《くすのきまさしげ》のような新しいタイプの武士が連想されますが、実際には経済の発達で力をつけてきた武士や商工民・荘園の農民など、様々な人たちが広く結合したものでした。

蒙古襲来以降、鎌倉時代末期の幕府政治は得宗専制の性格を強め、支配は強化されたようにみえましたが、幕府は、社会経済が変化していくなかで御家人が直面している様々な問題を解決することができませんでした。そのため得宗家に対する御家人などの反発は高まり、支配基盤が弱体化していったのです。

†鎌倉文化の特徴

「受験前日になって、何を見直したら良いか迷ったら、鎌倉文化を復習しておきなさい」と生徒に言ってきました。それはとても多岐にわたっているからです。

それでも鎌倉時代の文化の特徴を箇条書きにするとしたら、

一　伝統文化を公家が担い手となって受け継いでいく一方で、武士や庶民に支持された新しい文化が育っていったこと
二　日宋間を往来した商人や僧、さらにモンゴルの侵攻から逃れてきた中国僧によって伝

えられた宋や元の文化の影響を受けていること
三　新しい精神を生かした力強い写実性や人間味豊かな作品がつくられたこと
となるでしょう。この特徴を代表するものを少しだけ紹介します。

†建築と彫刻

建築では、東大寺南大門と円覚寺舎利殿《しゃりでん》を、セットでおさえたいです。授業では「東大寺は大仏よ♥（東大寺南大門＝大仏様）」「円覚寺は禅宗よ♥（円覚寺舎利殿＝禅宗様）」の語呂合わせで覚えさせています。でも、覚え方だけでなく、実際に見比べてもらいましょう。

東大寺南大門

円覚寺舎利殿

平安時代末期の建築が装飾的・工芸的な美しさを求めたのに対して、これらはともに全体としての構造的な美しさがあります。ともに宋からもたらされた技法で建てられていますが、宋人

21 世紀ペーパークラフト
03　空也上人像

陳和《ちんな》卿《けい》の協力を得て建てられた東大寺南大門（大仏様）は、大陸的な豪放さがあります。一方の円覚寺舎利殿（禅宗様）は、細かな部材を用いて整然とした精巧な美しさを表しています。南大門のほうは基本的にいつでも見ることができますが、舎利殿は公開日が限られているので、注意が必要です。ともに国宝ですが、ぼくにとって意外だったのは、円覚寺舎利殿は、鎌倉にある唯一の国宝建造物なのです。

次に彫刻ですが、最も有名なものが運慶・快慶による東大寺南大門の金剛力士像であるのは言うまでもありません。写実的で力強い作風をよく示しています。また、鎌倉時代は、個性をよくとらえた肖像彫刻でも多くの傑作がつくられた時代でした。その一つが、運慶の四男康勝の手による六波羅蜜寺（京都）の空也上人像（国重文）です。

空也は、四時間目で取り上げた『往生要集』が著される少し前に、京で阿弥陀信仰を説いた人です。像は、彼が口に「南無阿弥陀仏」と唱えると、その一音一音が阿弥陀仏になったという伝説を彫刻化したものです。つまり、空也自身は国風文化の時代の人ですが、この空也上人像は鎌倉時代の作品なのです。

でも、右の写真を見て、違和感をもった人がいるのではないでしょうか。実はこれ、市販のペーパークラフトなのです。いかにこの像の構図が、人々にインパクトを与える斬新なものであるかがうかがえます。ぜひ、一度、本物を見に行ってください。

なお、空也上人像は他にもいくつか残されています。六波羅蜜寺の空也は、まだ若々しいお顔をされていますが、愛媛県松山市の浄土寺所蔵の空也上人像（国重文）は、同じ構図であっても、顔に深いしわが刻まれた老境の空也の姿を表しています。

†平家物語の世界

学生時代の記憶なので、間違いがあれば申し訳ありませんが、劇作家で演劇学の教授だった山崎正和先生が、次のように言われました。

日本史上の人物で、もし西洋のヒロイックファンタジーの主人公になれる者がいるとするならば、平知盛《たいらのとももり》ただ一人

素晴らしい才能があり、そのことを自覚もしている。しかし、時は平家に味方せず、一

族が滅亡の運命にあることにも気付いている。それでも全身全霊をかけて戦い、最後は運命を受け入れて、潔く散っていく。入水《じゅすい》にあたって彼が穏やかに言う
「見るべき程の事は見つ、今は自害せん」

という言葉は、彼の生きざまそのもののようで、荘厳な美しささえ覚えます。

『平家物語』のベースには、歴史を動かす大きな力の前には、人ではどうにもならないものがあるという、無常観が流れていると言われます。

「壇ノ浦」での幼い安徳天皇の入水のシーンや、引き上げられてしまった建礼門院（清盛の娘徳子。安徳天皇の母）が、訪ねてきた後白河法皇に「人は死ねば六道を巡るというが、私は生きながらにして六道をすべて見た」と語る「大原御幸」の場面は、平家の亡霊のみならず、生徒の涙も誘います。「胸が詰まってしまって授業でノートがとれなかった」と学級日誌に書いた生徒もいました。

これは、『平家物語』が読むというより、語って聞かせることを前提につくられているからだと思います。

『徒然草』の二百二十六段には、『平家物語』を作ったのは、学があり芸能の才能にも恵まれていたのに、失意のなかで俗世を捨てた下級貴族の信濃前司行長《しなののぜんじゆきなが》であり、行長がそれを琵琶法師の生仏《しょうぶつ》という人物に教えて語らせた。また、その場所を提供し、スポンサーと

なったのは天台座主であった慈円だと書かれています。

これに基づいて、『平家物語』は琵琶法師が語って広めることを前提に作られたと、ぼくは考えています。実際、多くの中世の言葉が取り入れられており、戦闘シーンの緊張感や臨場感を高めています。その一方で、軍記物語でありながら、『源氏物語』のような王朝物語の流れをくむ恋や風流のエピソードもあります。それは、まだ独自の文化をもつにはいたっていなかった武士たちの、王朝文化に対する憧れを満たすものだったはずです。

西洋において、英雄譚や恋物語というヒロイックファンタジーは、楽器を手にした吟遊詩人によって語られました。琵琶法師が奏でる『平家物語』は、西洋と同じように、武士や庶民にも支持された日本史上最高のヒロイックファンタジーだといえるでしょう。

七時間目▼将軍家の御台様と躍動する民衆 室町時代
——人は、愚かで、哀しく愛おしい

†室町時代のイメージは？

室町時代ってどんなイメージですか？

奈良時代は大仏造立、平安時代は華やかな宮廷貴族、鎌倉時代は最初の武家政権、戦国時代は信長、江戸時代は時代劇……。で、途中の室町は？

このように、室町時代は、一番イメージがわきにくい、印象の薄い時代ではないでしょうか。それを良く表しているのが、二〇一七年までの「歴代NHK大河ドラマ」と取り上げられた時代をまとめた次頁の表です（時代をまたぐものは、メインとなる方に分けました）。

室町時代を扱ったものは、一つのみ、一九九四年に放送された『花の乱』だけなのです。

タイトル									
1	花の生涯	13	元禄太平記	25	独眼竜政宗	37	徳川慶喜	49	龍馬伝
2	赤穂浪士	14	風と雲と虹と	26	武田信玄	38	元禄繚乱	50	江～姫たちの戦国～
3	太閤記	15	花神	27	春日局	39	葵 徳川三代	51	平清盛
4	源義経	16	黄金の日日	28	翔ぶが如く	40	北条時宗	52	八重の桜
5	三姉妹	17	草燃える	29	太平記	41	利家とまつ	53	軍師官兵衛
6	竜馬がゆく	18	獅子の時代	30	信長	42	武蔵 MUSASHI	54	花燃ゆ
7	天と地と	19	おんな太閤記	31	琉球の風	43	新選組！	55	真田丸
8	樅ノ木は残った	20	峠の群像	32	炎立つ	44	義経	56	おんな城主 直虎
9	春の坂道	21	徳川家康	33	花の乱	45	功名が辻		
10	新・平家物語	22	山河燃ゆ	34	八代将軍吉宗	46	風林火山		
11	国盗り物語	23	春の波涛	35	秀吉	47	篤姫		
12	勝海舟	24	いのち	36	毛利元就	48	天地人		

平安時代
鎌倉時代
室町時代
戦国時代
江戸時代
幕末
明治・大正
昭和

歴代 NHK 大河ドラマ

主人公は「日本三大悪女」の一人ともいわれる日野富子。主に三田佳子さんが演じました。舞台は応仁の乱（応仁・文明の乱）であり、乱の中心人物の一人である若き管領細川勝元を演じたのが、その年襲名したばかりの野村萬斎さんでした。「何と立ち居振る舞いの美しい青年だろう」と思ったのですが、萬斎さんはこれでブレイクしたわけではありません。なぜなら、視聴率が極めて低かったからです。二〇一二年に更新されるまでは、大河ドラマ最低視聴率でした。

では、次の質問です。

京都で人気の観光スポットってどこだと思いますか？

イギリスに本社を持つトリップアドバイザー社の集計によると、二〇一六年の一位は外国人、日本人ともに伏見稲荷大社でした。二位は外国人が清水寺、日本人が銀閣寺。三位は外国人が金閣寺、日本人は三十三間堂です。なお金閣寺は日本人の五位でした。

伏見稲荷大社は、千本鳥居がつくりだす異空間のような雰囲気もさることながら、二十四時間いつでも参拝することができて、タダなので一位なのも納得です。でも、外国人からも、日本人からも高い評価を得ている金閣と銀閣の二つは、イメージが薄い室町時代につくられたものなのです。

小学校の教科書（『新編新しい社会6　上（歴史分野）』東京書籍）の索引に挙げられている「ことがら」のなかで、文化に関するものは浮《う》世絵から始まって弥《や》生土器まで二十四ありますが、そのうちの金閣、銀閣、書院造、すみ絵（水墨画）、能・狂言は室町時代に生まれたものです。また、索引には記されていませんが、竜安寺の石庭を取り上げて枯山水の説明もなされています。その単元のタイトルは「今に伝わる室町文化」です。

こんなにも現在の日本に影響を与えているのに影が薄い。七時間目は、そんな室町時代の特徴を学んでいきましょう。

†室町時代の幕府と守護

鎌倉時代の「守護」が、室町時代には「守護大名」になったと思っていた方がいるかもしれませんが、室町時代も守護は守護で変わりありません。室町時代においても守護は、基本的には幕府から任命されるものでした。しかし、守護のなかには国衙の機能をも吸収して、一国全体におよぶ地域的支配権を確立するものもいました。そして、南北朝の動乱が終息すると、しだいに任国も世襲されるようになりました。このような守護の支配国を領国といい、領国に強い支配権をもつようになった室町時代の守護を、鎌倉幕府体制下の守護と区別して、便宜上「守護大名」とよぶこともあるのです。

この室町時代の守護と幕府との関係を理解するための、優れた教材があります。東京大学の二〇一一年度第二問です。これを解きながら、室町時代の幕府と守護の関係をみていこうと思います（ただし、解答は東京大学が提示したものではありません）。

氏	国
赤松	播磨、美作、備前
一色	三河、若狭、丹後
今川	駿河
上杉	越後
大内	周防、長門
京極	山城、飛驒、出雲、隠岐
河野	伊予
斯波	尾張、遠江、越前
富樫	加賀
土岐	伊勢、美濃
畠山	河内、能登、越中、紀伊
細川	和泉、摂津、丹波、備中、淡路、阿波、讃岐、土佐
山名	但馬、因幡、伯耆、石見、備後、安芸
六角	近江

守護大名の領国

つぎの表は、室町幕府が最も安定していた四代将軍足利義持の時期（一四二三年）における、鎌倉府の管轄および九州をのぞいた諸国の守護について、氏ごとにまとめたものである。この表を参考に、下の（1）・（2）の文章を読んで、下記の設問A〜Cに答えなさい。

（1）南北朝の動乱がおさまったのち、応仁の乱まで、この表の諸国の守護は、原則として在京を義務づけられ、その一部は、幕府の運営や重要な政務の決定に参画した。一方、今川・上杉・大内の各氏は、在京を免除されることも多かった。
（2）かつて幕府に反抗したこともあった大内氏は、この表の時期、弱体化していた九州探題渋川氏にかわって、九州の安定に貢献することを幕府から期待される存在になっていた。

設問

A　幕府の運営や重要な政務の決定に参画した守護には、どのような共通点がみられるか。中央における職制上の地位にもふれながら、二行（九〇字）以内で述べなさい。

B　今川・上杉・大内の各氏が、在京を免除されることが多かったのはなぜか。二行（九〇字）以内で説明しなさい。

C　義持の時期における安定は、足利義満の守護に対する施策によって準備された面がある。その施策の内容を、一行（三〇字）以内で述べなさい。

まずは、設問Aについてです。

幕府の運営や重要な政務の決定に参画した守護というのは、いわゆる三管領《さんかんれい》・四職《しき》です。三管領は「シバの畠は細かった（斯波・畠山・細川）」の足利氏一門、四職とは侍所の長官となる「京都の山は赤一色（京極・山名・赤松・一色）」の四氏であり、山城の守護を兼任しました。

表にあるこの七氏の領国をチェックすると、全員三カ国以上あることがわかります。これを当時の国の位置を示す白地図に落とすと次頁の図1のようになります。地図をみると、どうやら京都の近くに集中しているようです。

そこで、律令の行政区画において畿内と近国とされた国だけに絞ったものが図2です。三管領・四職のすべての氏が、畿内・近国に領国をもっていたことがわかります。以上のことから、

A　足利氏一門が任命された三管領や侍所の長官となる四職とよばれた有力守護は、畿内や近国を含む三カ国以上の守護を兼任した。（五九字）

ことがわかります。

次に設問Bについて。

与えられた資料（2）に、「大内氏は、この表の時期、弱体化していた九州探題渋川氏にかわって、九州の安定に貢献することを幕府から期待される存在になっていた」とあることから、求められているのが「○○の安定に貢献することを幕府から期待された」という内容であろうことは、予想できます。となると問題は、上杉氏と今川氏が、何の安定に

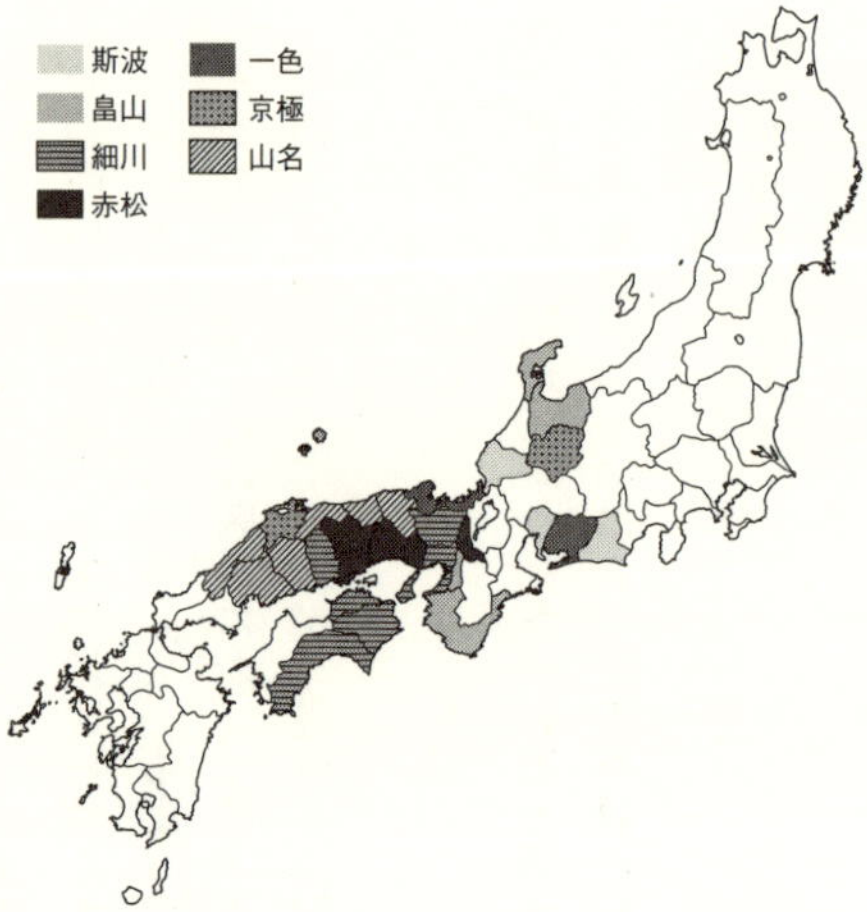

図1（守護配置図）

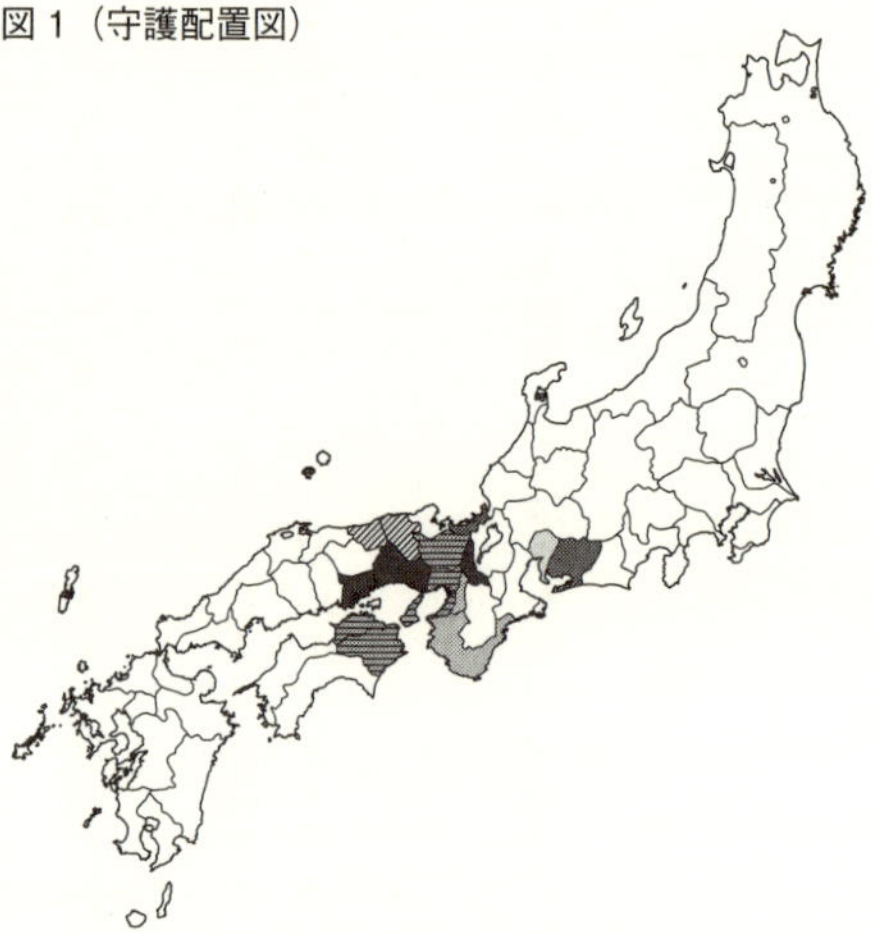
図2（守護配置図、畿内・近国にしぼったもの）

貢献することを期待されたかです。

大内・上杉・今川氏の領国を白地図に塗ると、次頁の図3のようになります。大内氏の領国は九州、つまり九州探題の統治領域に接しています。では、上杉氏と今川氏の領国は、何と接しているのか。教科書には次のように記されています。

> 幕府の地方機関としては、鎌倉府（関東府）や九州探題などがあった。足利尊氏は鎌倉幕府の基盤であった関東をとくに重視し、その子足利基氏を鎌倉公方（関東公方）として鎌倉府を開かせ、東国の支配を任せた①。以後、鎌倉公方は基氏の子孫が受け継ぎ、鎌倉公方を補佐する関東管領は上杉氏が世襲した。鎌倉府の組織は幕府とほぼ同じで、権限も大きかったため、やがて京都の幕府としばしば衝突するようになった。
>
> 注①：鎌倉府は、関東八カ国と伊豆・甲斐を、のちには陸奥・出羽の二カ国も支配した。また鎌倉府管内の守護は、鎌倉に邸宅をもち、鎌倉府に出仕した。
>
> （『詳説日本史B』山川出版社、百二十六〜百二十七頁）

この幕府としばしば衝突するようになっていた鎌倉府の支配領域を図3に重ねたのが図

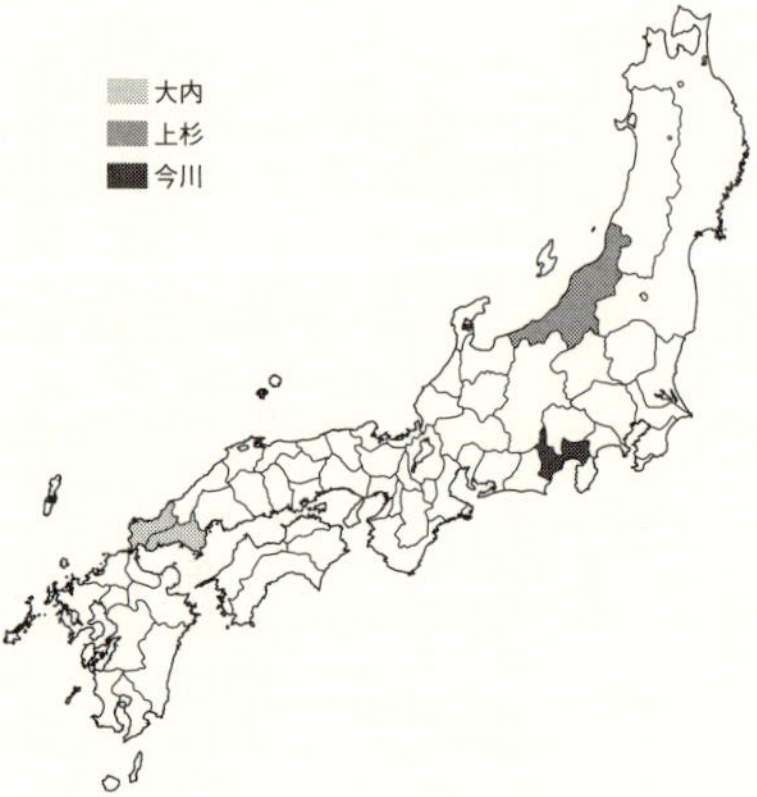

図３（大内・上杉・今川の領国図）

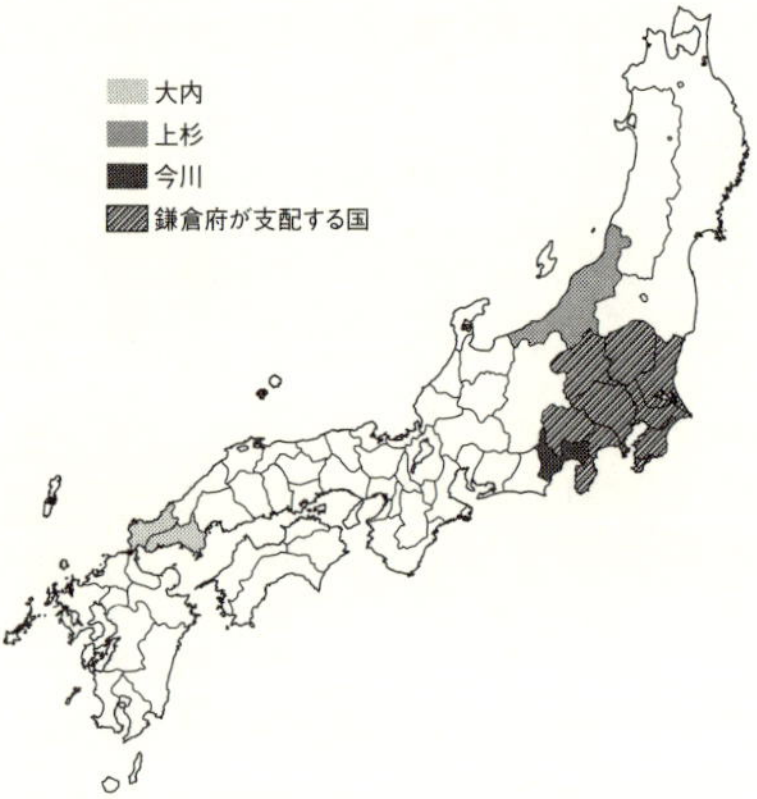

図４（大内・上杉・今川・鎌倉府図）

４です。上杉氏、今川氏の領国は、見事に鎌倉府の支配領域に接しています。このことから、

B　幕府の影響力が及びにくい鎌倉府や九州探題の支配領域と接する場所を領国としており、それらの安定への貢献が期待されたから。（六十字）

という答案を導き出すことができます。
最後に設問Cです。これは教科書（『詳説日本史B』）に「南北朝の動乱も、尊氏の孫足利義満が三代将軍になる頃にはしだいにおさまり、幕府はようやく安定の時を迎えた。（略）義満は、動乱の中で強大となった守護の統制をはかり、土岐氏・山名氏・大内氏などの外様の有力守護を攻め滅ぼして、その勢力の削減につとめた」（百二十四〜百二十五頁）とあるのを、そのまま要約して、

C　南北朝の動乱の中で強大となった有力守護の勢力を削減した。（二十九字）

となります。この三つの設問の答えをまとめると、次のようになります。

室町幕府は、幕府権力が弱く、強力な支配権を有していなかった。そのため幕閣を勤める足利氏一門を中心とする有力守護は、要地に複数の領国を持つ一方で、本人は在京して幕府に出仕していた。幕府は、守護が強大にならないように勢力の削減をはかったが、その一方で、幕府の重要な地方機関であったはずの鎌倉府の牽制も、有力守護に委ねざるを

えないような不安定な状態であった。

このことが、「室町幕府は有力守護との連合政権」とも称される理由です。

政情が不安定なアフリカなどの発展途上国で、民衆が苦しんでいるニュースを見ることがあります。そこでは、庶民は危険で貧しい生活を強いられています。

ところが、室町時代は上がしっかりしていなくても、庶民は生き生きしていたのです。それがこの時代のおもしろいところです。村では惣《そう》（惣村《そうそん》）とよばれる自立的・自治的な村が各地に広がっていきました。強い連帯意識で結ばれた惣の農民は、不法を働く代官・荘官の免職や、災害の際には年貢の減免を求めて一揆を結び、荘園領主のもとに大挙しておしかける強訴や、全員が耕作を放棄して他領や山林に逃げ込む逃散《ちょうさん》などの実力行使をおこなうこともよくありました。

この「逃散」というのが、領主に大きなダメージを与えます。そのため戦国時代になると、百姓と領主との間で「百姓側は、警告なしにいきなり逃散しない。その代わり領主は、年貢のかたとして女房や娘を人質に取らない」などの取り決めが、成文化される場合もありました。

百姓「ええのか〜。取り決めどおり警告はしたぞ〜。年貢を減免せんかったら皆で逃げるぞ〜。そしたら亡所《ぼうしょ》（耕作者がいなくなり荒れた田地）になってあんたら困るんじゃないんか〜。そろそろ手ぇ打った方が身のためやぞ〜」とか言って、領主側を脅している百姓たちを、勝手に想像して笑ってしまいます。

町では、手工業や商業の発達が著しく、特産品も生まれました。商人・職人は同業者の組合である座を結成し、有力な寺社などと結びついて、特権を得て活躍しました。有名なのは石清水八幡宮《いわしみずはちまんぐう》を本所とする大山崎の油座ですが、女性の商人や職人が多数活躍した帯座や小袖座などもありました。

何より室町時代に隆興したのは酒造業です。十五世紀前半には京都の酒屋数は三百軒以上あり、河内や奈良の酒も有名になりました。二〇一八年現在、京都府にある酒蔵の数は四十四軒、京都市内に限ればその半数ぐらいです。規模の違いもあるとは思いますが、室町時代に三百軒以上あったというのは、いかに庶民も酒が飲めたかを物語っています。

このような状況のなか、室町時代の文化は形成されていったのです。

†室町文化の特徴

室町時代には、禅宗の影響を強く受けた武家文化が、伝統的な公家文化と融合しながらお互いに刺激を与え合うようになりました。一方、各地の村や町で庶民が力を強めるにつれて庶民文化・地方文化がはっきりとした姿を見せるようになり、公家や武家の文化は、それからも影響を受けるようになります。そして、中央文化と地方文化の交流のなかで、洗練され、調和して、しだいに日本固有の文化ともいうべきものが形成されていきました。

室町文化とは、公家・武家・庶民・中央・地方の別なく愛好される、幅広い基盤をもった国民的文化であるといえます。

†北山山荘と東山山荘

室町幕府というよびかたは、三代将軍足利義満が、京都室町に四季折々の花が咲く壮麗な邸宅（花の御所）をつくり、そこで政務をおこなったことに由来しています。

一三九二年、南北朝の合一に成功した足利義満は、次々と朝廷の高い官職に就き、公家を自らの近臣とし、所領相続や代々受け継いできた家職を安堵するなどして、公家に対する支配者としての地位も獲得していきました。そして将軍職を子の義持に譲って出家したあと、官位をはじめ僧侶の位階授与権までを含めた聖俗の支配権を掌握し、天皇と将軍の上に君臨する、まさに最高支配者となりました。

日明貿易が開始されたとき、明側は義満のことを「日本国王源道義《どうぎ》」（道義は義満の法号）とよびましたが、まさに義満は、日本の聖俗のすべてを統べる王権を手にしていたと言えます。

この王権は、義満の死後、家督をついだ義持が、朝廷から義満におくられようとした太上法皇の号を辞退したため、以後の将軍に継承されることはありませんでした。

その義満が、十四世紀末に将軍職を義持に譲ったのちも、公武統一政権の長たる立場を明確にして政務をとった御所が、京都北山に造営した山荘です。そこに建てられた金閣は、初層が寝殿造風、二層は和様仏堂風、三層は禅宗様の仏堂で、文化の融合を象徴する構造となっています。金閣を見る時、その姿が池に逆さに映る構図がよく好まれるのですが、

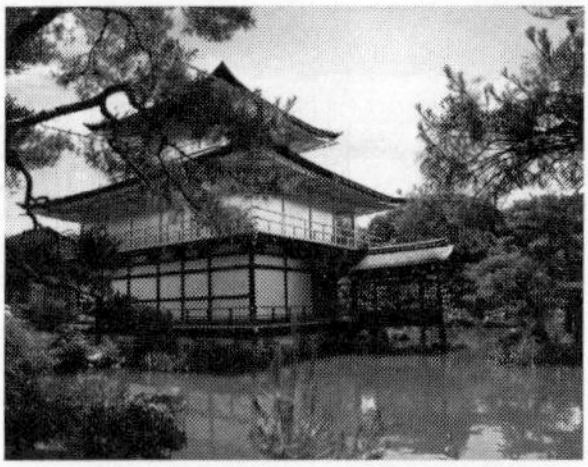

金閣（右に出ているのが釣殿）

ちょっと裏の方へまわると、上の写真のようにみえます。右手に突きだしている小さな建造物は、寝殿造において、池に面して建てられた釣殿《つりどの》を表現しています。まさに公武統一政権の長であることを示そうとするものだと思います。

一方、十五世紀後半、応仁の乱後に八代将軍足利義政は、東山山荘を造営しました。そこに建てられた二層の仏堂が、銀閣とよばれているものです。俗説に「金閣に対抗して銀箔を貼る予定だったのだが、資金が足りなくてできなかった」というものがありますが、これは誤りです。もとは漆が塗られていまし

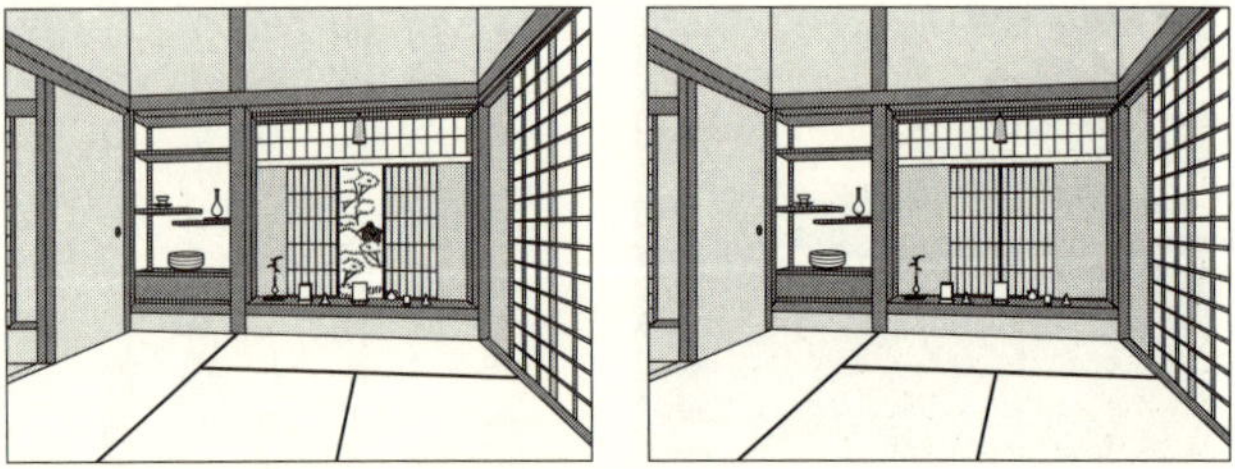

同仁斎のイメージ図
作成：朝日メディアインターナショナル株式会社

た。そもそも東山文化を代表するものは、枯山水・水墨画・書院造・侘茶であり、その時代の代表的建築物である銀閣が、〝銀ぴか〟であるはずがないでしょう。生徒によく言っていることですが、「考えたらわかります」。

しかし、東山山荘でぼくが紹介したいのは、この銀閣ではありません。その向かい側に建っている、義政の持仏堂である東求堂（国宝）のなかにある同仁斎です。同仁斎は、書院造の部屋として、小学校から高校まで、すべての教科書に写真付きで紹介されています。その多くは、右側の図のような写真です。これを見て、何か気付くことはないでしょうか？

書院造の間なのに掛け軸がない

それに対して左側の図を見てください。半開きになった明《あかり》障子《しょうじ》の向こうに庭の景色が見えます。明障子を全開ではなく、半開きにしていることがミソなのです。この景色が掛け軸の役目を果たしているのです。四季折々の自然がそのまま絵となります。

東求堂は春と秋の二回、公開されています。一度、入ってみる価値はあるでしょう。

†能楽と狂言のバランス感覚

北山文化の時代に能楽を大成したのが、三代将軍足利義満の保護を受けた観阿弥・世阿弥の父子であることも、小学校の教科書から載っています。世阿弥は理論書である『風姿花伝』を著したのみならず、謡曲《ようきょく》とよばれる多くの脚本を残しました。

能楽は、江戸時代には丸一日の興行で、幕間に狂言をはさんで五番（五つの演目）をおこなうのが本式であったようです。内容により演じる順番が決まっていて、主役のキャラクターにあわせて「神男女狂鬼《しんなんにょきょうき》」といわれました。

「神」は神仏の霊験をたたえる内容。「男」は、死後も修羅道で苦しむ武将たちが、救いを求めて現世に現れます。「女」は恋愛とその苦悩が中心で、多くは女性の亡霊が成仏できずに漂《ただよ》うもので、優美な舞がメインです。「狂」は、何かを思いつめて心乱れた姿を指しており、「狂女物」「狂い物」ともよばれます。そして「鬼」は、豪快な鬼退治ものです。

もっとも「男」のなかにも『巴』という源義仲の側にいたとされる女性（巴御前）を扱ったものがあったり、男性でも優美な演目は「女」に入るなど、この区分と主役のキャラクターの区別は厳密なものではありません。

このようにジャンルを変えて観客が飽きないようにしつつ、さらに幕間にコントである狂言を入れていたのです。

狂言は、NHKの教育テレビ『にほんごであそぼ』に野村萬斎さんが出演するようになって、ある程度イメージできる人が増えたのではないでしょうか。

今、よく目にするのは『棒縛《ぼうしばり》』でしょう。留守中に酒を飲まれないためにと主人に縛られた二人が、協力して酒を飲む話です。また、横柄な主人の態度に堪忍袋の緒が切れた従者が、後ろで咳をすれば暴れるという馬の癖を利用して、これでもかというぐらい主人を落馬させる『止動方角《しどうほうがく》』なども純粋に笑えます。日本人にユーモアのセンスがないというのは、まったくの誤りだとつくづく思います。

野村萬斎さんは、七時間目の冒頭にもとりあげた大河ドラマ『花の乱』の七年後、『陰陽師』という映画に初主演しました。そのなかで、謡曲でも用いられている題材が使われているのです。「狂」の一つ『鉄輪《かなわ》』です。「宇治の橋姫」伝説から発展したこの謡曲は次のようなものです。

ある夜、貴船《きふね》神社の社人に夢のお告げがあった。「丑《うし》の刻《こく》参りをする都の女に神託を伝えよ」というものであった。実際、真夜中に神社に女が現れた。女は、自分を捨てて後妻を娶《めと》った夫に報いを受けさせるために、遠い道を幾晩も、貴船神社に詣でていたのだった。社人は女に「三つの脚に火を灯した鉄輪を頭に載せるなどして、怒る心を持つなら、望みどおり鬼になる」との神託を告げるが、女とやり取りするうちに怖くなって逃げ出した。女が「神託どおりにしよう」と言った途端に、女の様子は変わり、髪が逆立ち、雷鳴が轟きわたった。雷雨のなか、女は恨みを思い知らせてやると言い捨てて、駆け去っていった。

女の元夫である下京あたりに住む男は、毎晩の悪夢に悩み、有名な陰陽師である安倍晴明を訪ねた。晴明は、先妻の呪いにより、夫婦の命は今夜で尽きると見立てた。男の懇願に応じて、晴明は彼の家に祈禱棚を設け、夫婦の形代《かたしろ》（身代わりとなる人形）を載せ、呪いを肩代わりさせるための祈禱を始めた。そこへ火を灯した鉄輪をかぶった先妻が現れた。彼女は、生きながらにして鬼となったのだった。鬼女は捨てられた怨みを述べ、後妻の髪を手にからめて打ち叩いたりした末に、男の命をとろうと迫ったが、晴明の呪術が勝り、鬼は「時節を待つ。今回は帰る」と言って姿を消した。

「鉄輪」のイメージ図
作成：朝日メディアインターナショナル株式会社

映画『陰陽師』と違うところは、鬼となった女性が死んでいない点です。人にも戻らず成仏もせず、「また来る」と言って姿を消したのです。

この能楽で使用されている面は「橋姫」といいます。「般若《はんにゃ》」とは異なり、角がはえていませんし、口も裂けていません。この面は、鬼だけれど人でもあることを表現しています。彼女は舞台でこう言います。

ああ愛しい人よ、懐かしい、怨めしい。あなたと結ばれた時は、この愛は永遠に変わらないと思ったのに、どうして私を捨て去ったのですか。怨めしい。捨てられて、捨てられて、あれこれ思っては涙にむせび、人を怨み、あなたのことをなじり、ある時は恋しく、またある時は怨めしく、起きても寝てもどうしても忘れられない。何年も何年も思いのなかに沈めてきた怨みの数々、その執念がつもって鬼になってしまっても仕方がないじゃないですか。（野澤の意訳）

本当は、心変わりした男をどんなに責めてみても、狂うほど嘆き悲しみ、怨んでみても、たとえ新しい女を殺しても、彼の愛情が戻ってくることはないと理性ではわかっているのでしょう。だけど心がついていかない。だから、人は鬼となり、妄執から逃れられずに迷い続ける。実は、能楽の『鉄輪』には救いがないのです。

人は、何と愚かで、哀しく愛《いと》おしい。

その一方で、人は欲に目がくらんだり、実力以上に自分をよく見せようとしたりして、結局すべてを失ったりもします。

人は、本当に愚かで、情けなくて、滑稽です。それでも精一杯生きている。

それを一方では能楽として正面からえぐり、他方では狂言として豪快に笑い飛ばす。

これらが同じ舞台で、同じ空間で演じられているのです。何というバランス感覚！

「能楽と狂言」は、もっと日本人が世界に誇って良い文化だと思います。

†公武を支えた「御台」日野富子

応仁の乱が勃発する十年前、鞍馬寺の塔の修繕費をまかなうための勧進として、大規模な猿楽興行が催されました。演目は三日間で能楽二十六番、狂言二十三番に及びました。室内ではなく白日のもとでの興行のせいもあって、『蔭涼軒日録《いんりょうけんにちろく》』という史料には、千人が見物したと記されています。興行は大成功を収めます。

しかし、設けられた桟敷席にいたのは、公家や武士など三十五人しかいなかったのです。これは、千人の庶民が、桟敷の後ろや周りに鈴なりになって見物していたということになります。しかも、当時の観劇の仕方は「貴賤群衆の人、能ごとに感声を尽す」と書かれているように、身分の上下を問わず、みんな素直に感嘆の声をあげながら、ワイワイ見るものでした。

この「上下和睦して相楽しむ、尤も公方御威勢之に過ぐるべからず」と評された勧進能楽の主催者は、八代将軍足利義政と妻日野富子でした。能楽の興行はまさに将軍家の威光を示して、上下の人心を掴む手段でもあったのです。

さて、やる気のない政治家の代表のようにみられる足利義政ですが、富子と結婚してから十年ほどの間は、青年将軍として、職責を積極的に果たそうとしており、この時期、富子は、御台《みだい》（将軍の正室）として安定した生活を送っていたのではないかと思われます。しかし、その後、二人は不仲となっていきます。

日野富子の悪評として最たるものは「守銭奴」でしょう。自分の子ども義尚《よしひさ》を将軍にしたいばかりに、京都を荒廃させる応仁の乱を起こしておきながら、その間に財テクに励んで金儲けをして、さらにそれを公武に貸し付けて巨利を得たとされます。特に義尚が属していた東軍ではなく、敵対する西軍にいた畠山義就《よしひろ》と義統《よしむね》に、それぞれ千貫という大金を貸し与えたことが、彼女の評判をかなり落としています。

しかし、この「守銭奴」という評価は、江戸時代以降のものです。そもそも将軍義政の継嗣争いは、応仁の乱の原因の一つに過ぎず、実際は幕閣の権力闘争や有力守護の家督争いなどが複雑に絡み合っていました。そのため東西両軍のトップであった山名持豊と細川勝元の二人が歩み寄って、手打ちを演出しようとしても、その二人が相次いで死去しても、将軍家において義政と義視《よしみ》が和解した後でさえも、最後まで和睦に反対する者たちがいました。その代表が畠山義統と、大軍を率いて上洛し、西軍側の大将となっていた大内政弘でした。

それでも、大内政弘は、九代将軍となった足利義尚の名で周防・長門・豊前・筑前の四カ国の守護職を安堵されたことを受けて、京都から撤収します。帰国後、政弘は、富子に対して三百四十貫の礼物を進上しています。自分が守護職を安堵されて領国に戻ることができたのは、富子のはからいによるものだと認識していたことがうかがえます。

大内政弘は、応仁の乱で荒廃した京から文化人や芸術家を山口に招き、文化の興隆に尽力した人でもあります。彼に招かれた人物のなかには、日本の水墨画の大成者とされる雪舟や、『新撰菟玖波集《つくばしゅう》』を編纂した連歌師の宗祇《そうぎ》などがいました。雪舟の大作「四季山水図(山水長巻)」(国宝)が山口の毛利博物館に所蔵されているのはそのためです。また、準勅撰となった『新撰菟玖波集』には、大内政弘自身の歌も多く収められています。

大内政弘の撤収に歩調をあわせるように、富子からの千貫を受けとった畠山義統は京都

四季山水図
出典：文化庁監修『国宝3』絵画Ⅲ、毎日新聞社

から撤退しました。二人の退去によって西軍は解体し、応仁の乱は終結を迎えます。

こうしてみると、富子が畠山義統に提供した大金も、和平工作としての費用だったと考えることができます。

金権政治だと言われればそのとおりですが、それは当時の風潮であり、富子に限ったことではありませんでした。応仁の乱を終わらせるうえで、富子に多大な功績があったことは、紛れもない事実なのです。

そして、惜しげなく私財を投じてくれる富子に、誰よりも恩義を感じていたのは、後土御門天皇をはじめとする公家たちでした。

戦乱で御所を焼け出された天皇に、私財を投じて居所を用意したのも富子でした。また、公家の子女の将来を考え、彼らを広く猶子《ゆうし》として迎え入れていました。富子が和歌などの教養にあふれていたことも、公家たちが心を寄せた理由だったでしょう。

夫義政との不仲が深刻になり、彼が政治に背を向けた後も、将軍となった息子義尚が、富子と意見を異にし、昼夜が逆転した生活を送るようになっても、公家や寺社への気配りを絶やさず、将軍家の御台としての自らの役割を果たし続けていたのです。

一四八八年、富子は、不仲となっていた義尚と約五年ぶりに和解しました。この和解には、公家も武家も大きな期待を寄せていました。と言うのは、そのころの義尚は、近臣の意見ばかりを用いて「迷惑存外」といわれる状態であり、将軍の生母である富子が、彼を正してくれることを願ったのです。

翌一四八九年、六角氏征討のために近江にいた義尚が、重病となりました。そして、見舞いに駆け付けた富子の祈りもむなしく、二十五歳の若さで死去します。「四歳の時に父と死別して以来の悲しみに茫然としている」と彼女は語ったと伝えられています。

義尚の遺体に付き添い、号泣しつつ京に戻った富子でしたが、現職将軍であった息子の葬儀を取り仕切り、さらには男子のいなかった義尚の後継者選びにも関わっています。彼女が推したのは、かつて応仁の乱のとき敵対した足利義視の子義材《よしき》でした。

義尚の仏事を修めた富子は出家しようとしましたが、周囲に慰留されて一度は思いとどまります。しかし、翌年、義政が死去すると剃髪し、政治の舞台から身を引きました。

一四九六年、晩年の富子は、御所で行われた蹴鞠の会に呼ばれて、参内しています。その際、公家たちは彼女のことを「御台」と呼んでいました。その三カ月後、日野富子は五十七歳で世を去ります。

和漢の学問に優れ、「古今伝授」で受験にも登場する三条西実隆《さんじょうにしさねたか》は、彼女の死について次のように書き残しています。

誰もが天を仰ぎ、その悲しみは言葉では言い尽くせない

応仁の乱が終わってから二十年の歳月が流れても、公家たちにとって富子は、朝廷と幕府をつなぎ、自分たちを気遣ってくれた将軍家の「御台」様だったのです。

八時間目▼

南蛮貿易と利休の死 安土・桃山時代

――そういや日本に鉄砲が伝来した頃ってさ～

†鉄砲が伝来した頃

「そういや日本に鉄砲が伝来した頃ってさ～」って感じで会話が始まるの、海外では普通なんだろうか……。

これは、「はじめに」で紹介した、ドイツの研究所に勤めている教え子が、学生時代に初めて留学した時に書いたブログの一節です。

十六世紀にアジアに進出したポルトガル人は、インドのゴアや交通の要地マラッカを拠点に、西はオスマン帝国から東は琉球・中国に至るアジアの交易ルートに参入し始めました。種子島にポルトガル人が漂着したのは、一五四三年。ヨーロッパでは、コペルニクスの地動説の論文が世に出た年です（鉄砲伝来は一五四二年説もあります）。

ポルトガル人を乗せていたのは、中国人密貿易商の王直《おうちょく》の船だとみられています。王直は倭寇の代表的な頭目の顔ももつ人物です。この当時の倭寇は、南北朝の動乱の頃に活動した対馬・壱岐や北九州の住民を中心とする前期倭寇に対して、王直などの中国人密貿易商が多く含まれており、後期倭寇とよばれています。ポルトガル人は、海禁政策をとる明から交易を認められていなかったため、密貿易商と組んでいたものと考えられています。

島の領主であった種子島時尭《ときたか》が「無茶苦茶高額だった」にもかかわらず」購入した二丁の鉄砲は、戦乱の世であった日本ですぐに各地に伝えられ、堺や近江国友村などで国産されるようになりました。後に大量の鉄砲を用いた「長篠合戦」で、武田騎馬軍団に大勝する織田信長が、九歳の時のことです。

八時間目は、日本に鉄砲をもたらしたポルトガルとの貿易と、近世の幕を開けることになった豊臣秀吉の検地を軸として、話を進めていきたいと思います。

†キリスト教と南蛮貿易

フランシスコ・ザビエルが鹿児島に上陸して、日本にキリスト教を伝えたのは、鉄砲伝来の六年後です。ザビエルが、山口や豊後府内などで活発な布教活動をおこなったことはよく知られていますが、彼ののちにもヴァリニャーニをはじめとするイエズス会の宣教師が多数来日して、布教をおこなった結果、九州北部を中心に多くの信者が生まれました。

それと併行して、ポルトガル人は毎年のように九州の港に来航し、貿易をおこなうようになりました。ポルトガルの貿易は布教と一体化していて、ポルトガル船は布教を認めた大名領にしか入港しなかったため、大名は布教活動を保護し、なかには自ら洗礼を受ける者も現れました。その代表例としては、一五八二年に、ヴァリニャーニの勧めに従って、四人の少年をローマ法王のもとに派遣した大友義鎮《おおともよししげ》、大村純忠《おおむらすみただ》、有馬晴信《ありまはるのぶ》があげられます。

ポルトガル人との貿易が始まった約四十年後の一五八四年、スペイン人も平戸に来航し、貿易を開始します。当時、日本では、ポルトガル人とスペイン人を南蛮人とよんだため、このポルトガルとスペインとの貿易を南蛮貿易とよぶようになりました。

それではここで問題です。

問　次の文章の空欄に適語を入れなさい。

南蛮貿易では、日本産の［1］と［2］産の［3］とを、［4］人が交易した

正解は、

南蛮貿易では、日本産の［1銀］と［2中国］産の［3生糸］とを、［4ポルトガル］人が交易した

です。これが、南蛮貿易の本質です。確かに鉄砲も輸入されてはいましたが、すぐに国産化に成功したため、輸入の主要品とはならなかったのです。大量の鉄砲が国産された結果、長篠合戦の頃には、日本は世界最大の銃保有国となっていました。

ぼくは授業で、室町時代から江戸時代初期までの日本の貿易は、「日本でとれる何かを売って、中国産生糸を買っていた」ことを強調しています。それは、古来、日本はずっと生糸を売ってきたというイメージをもっている生徒が多いからです。室町時代の日明貿易では、銅を輸出し、銅銭や生糸を輸入していました。南蛮貿易では、銅に代わって銀を売

り、同じように中国の生糸を買ったのです。

日本が生糸の大生産国となったのは、平和になった江戸時代に、本来、贅沢品であった生糸のニーズが増大したためです。ですから「鎖国までは、日本は生糸の輸入国。鎖国が終わって開国した後、生糸の輸出国になっていった」というイメージをもつのがよいでしょう。

話を銀に戻します。従来、日本にとって銀はむしろ輸入品でした。しかし十六世紀の前半に、博多商人神屋《かみや》（谷）寿禎《じゅてい》が、石見銀山に朝鮮から伝わった「灰吹法《はいふきほう》」という精錬技術を導入して効率的に銀を得ることに成功すると、状況は一転し、日本は世界有数の銀の産出国となりました。南蛮人はこの銀を求めて日本に来たのです。

特にポルトガルは、南米ポトシ銀山の銀を背景に東アジア貿易に乗り出してきたスペインに対抗するためにも、日本の銀を必要としました。二〇〇七年に世界遺産に登録された石見銀山は、上の図に

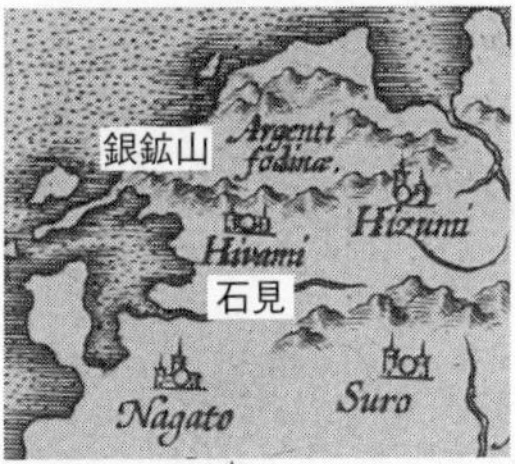

石見銀山

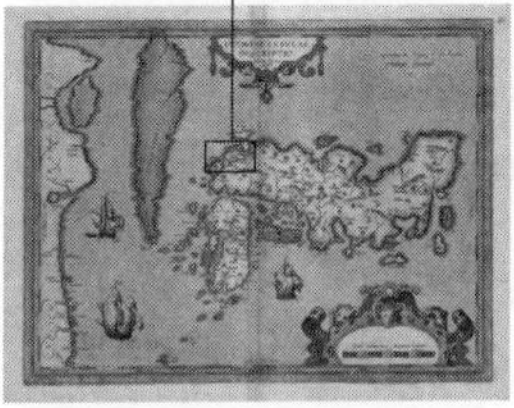

ティセラの日本地図
出典：織田武雄『古地図の博物誌』古今書院

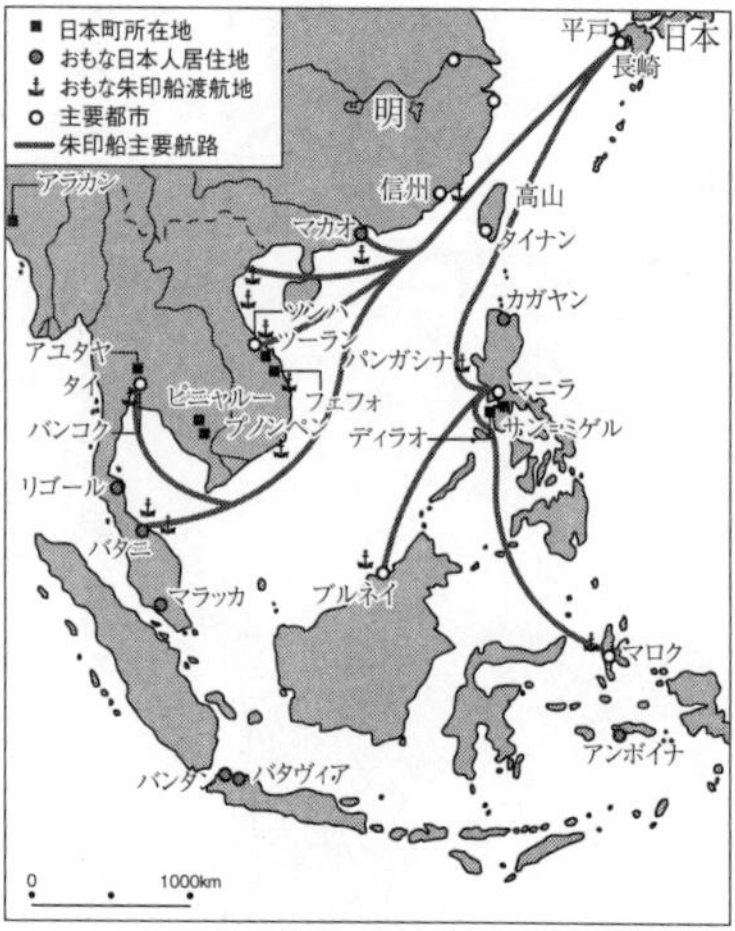

日本町と日本船の主な航路

あるように当時のヨーロッパの地図にも載るほど、その名を知られるようになりました。また、「灰吹法」はやがて日本各地の銀山に広がり、十七世紀初頭には、世界の総産銀量の三分の一が日本産という状態となるのです。

一方で、この時代、日本人も積極的に海外進出をはかっていきます。七時間目に歴代NHK大河ドラマ一覧を示しましたが、『花の乱』とは逆に高視聴率をマークしたものに『黄金の日日』（一九七八年）があります。秀吉の時代を舞台に、大河ドラマで初めて商人（納屋助左衛門という南蛮貿易家）を主人公としたドラマでした。

呂宋《ルソン》助左衛門とよばれた主人公の活躍を描くために、フィリピンで大河ドラマ初の海外ロケをおこない、堺の町を再現するにあたっては、セットの二階建て家屋の下の屋根に、さらに屋根をかぶせて軒を前に張り出させ、傘をささずに雨の日も買い物ができたことを表現するなど、しっかりとした時代考証で臨みました。また、日本史上の国民的スーパースターであった豊臣秀吉についても、関白就任後の暴虐な姿を描いて従来のイメージを覆すような意外性もあり、大ヒットとなりました。

このドラマについて、大学時代の指導教官であった脇田修先生が「あの時代はまさに黄金の日々だったのだ」と言われたことが印象に残っています。豊臣政権期から、日本人は富を求めて積極的に海外進出をはかり、貿易が盛んになると、海外に移住する日本人も増えて、東南アジアに多くの日本町ができました。江戸時代の初期に、タイのアユタヤ朝の王室に重く用いられた山田長政は有名です。タイでも知られているらしく、彼はタイ映画の主人公にもなっています。

†太閤検地の歴史的意義

この時代に実施された太閤検地は、聞いたことがある人も多いでしょう。検地とは、土地調査のことで、土地支配の基本をなすものです。中世でも荘園・公領ごとに実施されており、戦国大名もおこなっています。しかし、その基準は領国ごとにまちまちでした。織田信長も征服地に対して実施しましたが、あくまで指出《さしだし》(自己申告)であり、調査も部分的なものに過ぎませんでした。それに対して秀吉は、実際に役人を現地に派遣して、統一

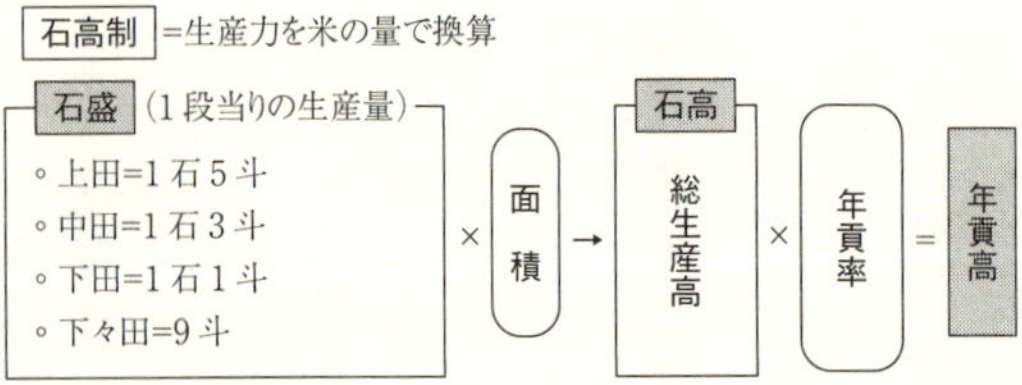

石高のしくみ

した基準にもとづく全国的な調査をおこなったのです。

　五時間目で述べたとおり、荘園公領制が確立するのは、平安時代末期です。鎌倉時代も荘園制は続けられ、幕府の経済基盤は、関東御領とよばれる荘園と、頼朝を知行国主とする関東知行国からの税収でした。この荘園を、鎌倉・室町を通して武士たちは、あの手この手で侵略していきました。室町時代の守護は、一国全体におよぶ地域的支配権を確立するようになり「守護大名」ともよばれるようになったことは、七時間目に述べたとおりです。そして、この荘園制にとどめを刺したのが太閤検地なのです。

　荘園制というのは、一つの土地に何人もの権利が複雑に重なっているものでした。例えば、荘園そのものは領主のものですが、徴税を請け負うのは名主です。領主は農民から年貢（地子《じし》）をとりましたが、名主はそれとは別に加地子《かじし》という地代をとっていました。加地子が年貢を超えることも珍しくなかったようです。太閤検地は、このような中間マージンみたいなものを一掃したのです。

太閤検地では、実際に耕作をおこなっている作人を検地帳に登録して、耕地所有権を保証する一方で、年貢納入の責任を負わせました。領主へ作人が直接年貢を納めるわけですから、加地子は消滅します。

土地のよしあしに応じて、田畑一段当たりの標準収穫高（石盛）を定め、それに面積をかけて総生産高（石高）を算出する。これに税率をかければ徴収できる年貢高が確定します。この石高を基準として諸大名の知行高を定め、それぞれの知行高に応じた軍役を大名に負担させるという体制は、ここでできあがり、江戸幕府も踏襲しました。

当然、特権を失った名主層は反発し、実際に検地反対一揆も起こっています。それに対して秀吉は徹底的な弾圧を加えて検地を実行し、続けて刀狩令を発しました。

刀狩の目的は、百姓の武装解除自体ではありません。中世においては、百姓は武士と同様に武器を所有していました。『のぼうの城』（和田竜著）という小説・映画のなかで、最初は戦に反対していた百姓たちが「のぼう様がやると言うのなら仕方がないなぁ」と言って、武器を持って城に集まってくる場面がありますが、当時の百姓はそのような存在でした。そのため、刀狩は、武器の使用者＝武士、武器の使用を許されない者＝百姓とする「兵農分離」こそが目的でした。さらに出された身分統制令によって、兵農分離・商農分離が進められ、近世的身分制度の前提がつくられたのです。このことは、小学校の教科書

に、

> 検地と刀狩によって、武士と、百姓・町人（商人や職人）という身分が区別され、武士と町人は城下町に住み、百姓は農村や山村、漁村で農業や林業、漁業などに専念するようになりました。武士が世の中を支配する社会のしくみが整えられていったのです。
>
> （『新編新しい社会6　上』東京書籍、七十三頁）

と書かれているとおりです。このことから、秀吉政権から、近世の幕が上がったといって良いとぼくは考えています。

†桃山文化の特徴

戦国の争乱をおさめた信長・秀吉の時期には、富と権力が集中した統一政権のもとで、豪華・壮大な文化が生み出されました。これを桃山文化とよびます。新しく支配者となった大名や、貿易などで大きな富を得た豪商の気質とその経済力とが反映されています。また、信長・秀吉によって寺院勢力が弱められる一方で、西欧文化との接触が始まったことと

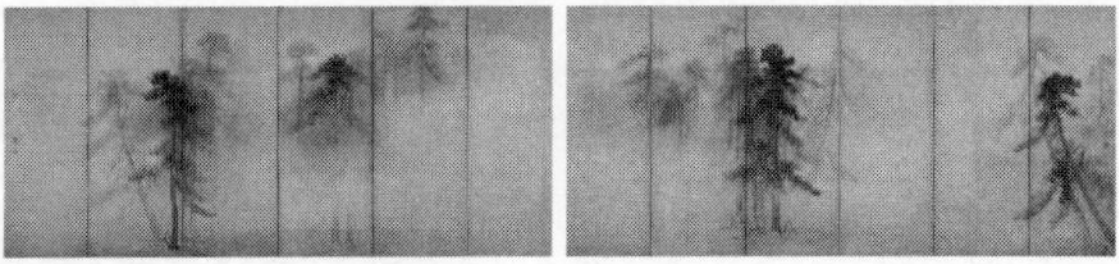

松林図屏風

出典:文化庁監修『国宝3』絵画Ⅲ、毎日新聞社

により、多彩なものとなりました。

この時代の文化を象徴するのは、城郭建築と濃絵《だみえ》の障壁画でしょう。城郭は戦乱がおさまってくると、山城のような防御を第一としたものではなく、重層の天守閣を本丸として、水濠などをめぐらせ、複数の郭《くるわ》をもつようになりました。そして城郭の役割も変化し、軍事施設兼城主の居館兼領国の政庁という様々な機能をもつようになりました。

障壁画で最も有名なのは、狩野永徳の「唐獅子図屏風」でしょう。このような金箔地に青・緑を彩色する絵を濃絵《だみえ》といいます。でも、ぼくが一番好きな障壁画は、長谷川等伯の「松林図屏風」(国宝)とよばれる水墨画です。奥にうっすらと雪をかぶった山が見えるなど、水墨画なのに色が見えるようで引き込まれます。

また、宣教師たちは時計や眼鏡、オルガン、たばこなど、ヨーロッパの文物や衣食住の習慣を持ち込みました。そのなかで一番すごいと思うのは「金平糖《こんぺいとう》」です。ただし、すごいと思うのは金平糖という菓子そのものではありません。ポルトガル語のコンフェイト(confeito)に「金平糖」という漢字を当てた人、天才だと思いませんか! 同じ

唐獅子図屏風

出典：宮内庁ホームページ（http://www.kunaicho.go.jp/culture/sannomaru/syuzou-08.html）

ザビエル像

出典：鹿毛敏夫編『描かれたザビエルと戦国日本』勉誠出版

ポルトガル語のカッパ→合羽、カルタ→歌留多も「言い得て妙」だと思いますが、それにも増して、あの星のような砂糖菓子を表すのに、「金平糖」以上の表現はないと思います。

なお、金平糖は、宣教師ルイス・フロイスが織田信長に謁見した際に、献上物として差し出されたといわれます。このルイス・フロイスが著した『日本史』によって、ぼくたちがもつ信長のイメージがつくられた部分があります。例えば「中くらいの背丈で、やせていて、ヒゲは少なく、はなはだ声は快調であった」「極度に戦を好み、軍事的修練にいそしみ、名誉心に富み、正義において厳格であった」「神や仏に対する一切の礼拝、尊崇、あらゆる異教的占いや迷信的慣習を軽蔑していた」などは、『日本史』に記されている信長の姿です。

さらに、南蛮人の風俗を主題とした南蛮屏風なども描かれました。これは南蛮人が残した作品ではなく、南蛮人の様子を日本人が描いたものです。右に示した「フランシスコ・ザビエル像」（国重文）は、多くの人が目にしたことがあると思います。神戸市立博物館の所蔵品です。神戸市立博物館には、日本史の図版に掲載されている南蛮文化の美術品が多数所蔵されています。

†利休の死

桃山時代は、京都や堺、博多などの都市で活動する富裕な商工業者が、文化の担い手となった時代でもありました。その代表が、堺の豪商千利休です。彼が完成させた侘茶《わびちゃ》は簡素・閑寂を精神としており、華やかな桃山文化のなかに異なった一面を与えています。侘茶は豊臣秀吉や諸大名の保護を受けておおいに流行し、優れた茶室・茶器・庭園がつくられました。

この千利休が、秀吉によって切腹させられたことは知られるとおりです。その理由については諸説あります。そしてこれから述べることは、ぼく個人の考えに過ぎません。

利休が秀吉もくぐる大徳寺山門に、自らの像を置いたことが切腹の公の理由とされてはいますが、やはりこれは表向きのことだと思います。「堺の豪商として、堺の利益の代弁者である利休」と、「朝鮮侵略を巡って博多を重視するようになった秀吉」との間で、政治的な対立があったことも事実でしょう。それは認めた上で、ぼくが関心をもっているのは、有名な「朝顔」の話です。

利休の屋敷の朝顔が素晴らしいという話を聞いた秀吉は、「おまえの家の朝顔を見せてほしい」と利休に言いました。それに対して利休は「では、明日朝に」と答えます。翌朝、秀吉が利休の屋敷に行くと、話題の朝顔の花が一本もありません。戸惑う秀吉を利休は茶室に案内します。躙口《にじりぐち》をくぐり、茶室に入って顔を上げた秀吉の目に飛び込んできたのは、一輪挿しの朝顔でした。利休は、その日の朝、最も美しい朝顔一輪だけを摘み取り、残りはすべて刈っていたのです。

早朝の澄みきった空気と光と静寂のなかで、一輪挿しの朝顔の何という美しさ。秀吉は「さすが利休」と褒めたたえ、利休の名声は上がりました。

この話は、利休と「侘茶の精神」を讃えたり、秀吉と利休の良好な時代を語るのに用いられます。

しかし、秀吉は本当に利休の「美」を理解できていたのでしょうか。

少なくともこの「朝顔」の件に関しては、ぼくはNOだと思います。それでも秀吉は、これが利休からの挑戦だということを、瞬時に理解したと思います。北野大茶会でも「黄金の茶室」を使って喜ぶような秀吉に対する、利休の強烈な問いかけであると。だからこそ「さすが利休」と、咄嗟《とっさ》に言うことができたのです。

しかし食いつなぐことに精一杯のような貧しい出であり、出世後はそのトラウマを振り払うかのように贅を尽くし、享楽的な満足感を求める秀吉には、この精神的に研ぎ澄まされた、まさに切れるような「美」は理解できなかったと、ぼくは思います。

ただ秀吉は「〝自分にはわからない〟ということがわかる」ほど賢かったのです。これは秀吉と利休双方にとって不幸なことでした。

秀吉は、朝顔が見事だと聞き、子どもが咲き誇る朝顔の生け垣を見て喜ぶような、純粋な気持ちで利休の家に行ったのではなかったか。そんな秀吉に、利休は芸術家として挑んだのです。

やがて、秀吉は逆に利休に挑み返します。

「おまえは、そこまで主張する美のために死ねるのか」と。

もし利休が秀吉の前にひれ伏して許しを請うていたら、秀吉はそれでも利休を殺したのだろうか。それはわかりません。

しかし、利休は切腹しました。「芸術のために死ねる」ことを証明してみせたのです。侘茶は利休の死をもって、美としての永遠の地位を獲得したのでした。

そんな利休が残した茶道の価値は、我々にとって、優れた芸術であるだけにはとどまりませんでした。一九〇六年、「*The Book of Tea*」(茶の本)という本が世に出ます。著者の名は、岡倉天心。一時間目の最後に登場した、明治初期に、日本文化の素晴らしさを日本人に再発見させてくれたフェノロサの弟子です。英語で書かれたこの本の最終章で、岡倉天心は次のように述べています。

茶人が芸術の分野に与えた影響の大きさも、それが人の生きざまに与えた影響に比べれば小さいものだ。礼節を重んじる社会の風習はもちろん、日常のこまごました決めごとにも茶人たちの存在が感じられる。和食の繊細な料理もその供し方も、その多くは茶人たちの創案である。彼らは日本人に、地味な色の服だけを着るように教えた。花に接するときの正しい精神も教えてくれた。素朴さを愛する自然な心を大切にせよと説き、謙譲の美徳を示した。

そして、この段落の最後は、次の言葉で締めくくられているのです。

In fact, through their teachings tea has entered the life of the people.

（こうした教えを通じて、茶の心は日本人の生活に浸透していったのである）

三学期

近世から近代へ

九時間目▼

「生類憐みの令」の歴史的意義 江戸時代前半

――ドイツ人が賞賛した卓越した君主

†日本史は日本人だけのものか

「日本語お上手ですね」

日本語を解する外国人に対して、日本人はよくこのように口にします。他意はなく、ほめ言葉として使っていますが、このようにいう前提には、日本語は難しく外国人には容易に理解できないという意識があります。

同じように、外国人に「私は日本史を研究しています」と言われると、どこか「日本人でもないのに本当にわかるのか？」と思ったりしないでしょうか。でも、それなら日本人の西洋史研究者や中国史研究者も理解できていないことになってしまいます。

もちろん、そのようなことはありません。このことを痛感させてくれるのが、ベアトリス・M・ボダルト＝ベイリーというドイツ生まれでオーストラリアの大学を卒業した研究者の存在です。

近年、「犬公方」いわれて暗君・暴君の代表とされてきた徳川綱吉を、再評価するテレビ番組を見ることがありますが、この端緒を開いたのがボダルト＝ベイリーの研究であったと言っても過言ではないと思います。

ぼくが新規採用教員だったころ愛用していた大手出版社の受験参考書にも、生類憐みの令について、「とくに犬を殺傷したものは厳罰に処すという悪法と化し、民衆生活に重大な悪影響をおよぼした」（『受験専科の日本史』文英堂）と書かれていました。しかし、現在、ぼくの授業の導入では

「君らが学校に迷い込んだ子犬を見て〝きゃ〜、かわいい〟とは言っても、〝うわ、うまそう〟と言って鍋を用意しないのは、綱吉のおかげだ」

と関心を持たせるために〝フリ〟をいれます。その後、

「綱吉は生類憐みの令のために暴君か暗君のように言われているが、もし彼の時代が悪法による暗黒の時代だったのなら、元禄時代にあれほどの経済・文化の発展がみられたはずがないだろう」

と続けると、「確かにおかしい」と気付くようです。

綱吉に謁見したことがあるオランダ商館のドイツ人医師ケンペルは、綱吉を「卓越した君主」と賞賛しています。それなのに、日本国内では非常に評判が悪い。

九時間目は、この綱吉の元禄時代を中心に学んでいこうと思います。

†文治政治の開始

今、インターネット上には、数え切れないほどの日本史関係のサイトがあります。そのなかの受験生を対象としたブログに、次のような内容の書き込み（二〇一六年九月）がありました。

十七世紀の「かぶき者の取り締まり」など、覚える必要はない。こんな難問は教科書に載っていても、入試では滅多なことでは出題してくれない。仮に出題されたとしても、同じものは一度出されたら十年は出ない。できなくても、他の基本的なことを確実に覚えておけば十分合格できる。それを「こんなこともわからないのか」という予備校教師などは、受験生を脅して金儲けをしているのだ。騙されるな。

基本的なことを確実に覚えておけば大学には十分合格できる。難問は、過去に出題されたとしても覚えなくて良いというのは、ぼくも大賛成です。

しかし、四代家綱・五代綱吉の将軍二代による「かぶき者の取り締まり強化」についても、無意味な難問で、覚える必要はないというのは、ぼくには歴史の本質を見失っているように思えます。

教科書（『詳説日本史B』山川出版社）には家綱の時代のスタートとして、次のように書かれています。

> 平和が続く中で重要な政治課題となったのは、戦乱を待望する牢人や、秩序におさまらない「かぶき者」の対策であった。まず一六五一（慶安四）年七月に兵学者由井《ゆい》（比《ひ》）正雪《しょうせつ》の乱（慶安の変）がおこると、幕府は大名の末期《まつご》養子《ようし》の禁止を緩和し、牢人の増加を防ぐ一方、江戸に住む牢人とともにかぶき者の取締りを強化した。
>
> （百九十八頁）

一六五一年四月、三代将軍徳川家光が死去しました。四代将軍となったのは、わずか十一歳の家綱でした。その直後、由井正雪らによる反乱計画が発覚します。これは藩が改易（取りつぶし）されるなどして、大量に発生した牢人によるものでした。牢人とは仕官していない武士を指します。戦国時代には人材が求められたため、何度も主君を見限って自ら牢人となり、仕官先を次々と変えて、最終的には大名にまでなった藤堂高虎のような人物もいました。

しかし、戦乱の世が終わると、大名は多くの家臣を抱える必要がなくなり、新たな仕官先を得ることは難しくなりました。その一方で、初代家康から三代家光までの期間には、様々な理由で百九十八の大名が改易となりました。そのうち九十三家は、関ヶ原や大坂の役など軍事的な理由でしたが、残りの約半数にあたる四十六家は「末期養子の禁」によるものでした。末期養子の禁とは、跡継ぎのいない武家の当主が、危篤になってから急に養子をとることを願い出ても認めないというものです。これにより多くの大名家が改易となっていたのです。

仕官の道が開かれる戦乱の世を待望する大量の牢人が、社会不安の要因になっている。このことを認識した幕府は、原因となっていた「末期養子の禁」を緩和します。

さらに四代家綱は、殉死も禁止し、主人の死後は殉死することなく、跡継ぎの新しい主人に奉公することを義務付けました。江戸時代初期には追腹《おいばら》（主君が死去した場合、後を追って切腹すること）が美徳とされ、庶民もそれを期待する傾向がありました。「どこそこの殿様のところは追腹を切る者が何人いた」「今度のどこやら様のところは何人の忠義の者がいるのだろう」などとはやしたて、競い合わせていたのです。武士だけでなく、一般庶民にとっても命が軽く見られていたのです。

そして、戦国時代のなごりともいうべき風潮の象徴が「かぶき者」という存在でした。かぶき者とは、「傾《かぶ》く」からきており、もとは異様な姿で歩き回る者（傾奇者《かぶきもの》）をそうよびました。かぶき者として有名なのは、漫画にもなった前田慶次でしょう。ただし、前田慶次（利益《とします》）は、文学や芸能にも造詣があり、平和な世になってからは一流の文化人として余生を送っています。

家綱が将軍になったころ大きな課題となっていたかぶき者とは、平和な社会において、秩序におさまらず、徒党を組んで力を誇示し、傍若無人な振る舞いをする旗本奴《やっこ》、町奴とよばれたアウトローグループでした。たとえて言えば、「高級官僚の子弟からなる暴力組織」と「財閥の子弟からなる暴力組織」が、都市で日常茶飯に事件を起こしていたようなものです。秩序を維持するため、その取り締まりを家綱の時代に強化したのです。

†生類憐みの令の歴史的意義

この「かぶき者の取り締まり強化」などの延長線上に、家綱の弟の五代綱吉による「生類憐みの令」があるのです。生類憐みの令とは、一六八五年から二十年余りにわたって出された法令の総称です。次の史料は、その法令のなかで高校の史料集に掲載されているものを、現代語に訳したものです。

一、捨て子があればすぐさま届け出る必要はない。その場にいた者がいたわり、そのまま養うか、または希望する者がいればその養子とせよ。ただちに届け出る必要はない。

一、飼い主がいない犬に、このごろ食べ物を与えないようにしていると聞く。つまり、食べ物を与えれば、その人の飼い犬のようになって面倒なことがおこると考え、いたわらないでいるらしいが、けしからんことだ。これからはそのようなことがないように心得よ。

一、犬だけに限らず、人間は、すべて生類へ慈悲の心からでる憐れみをほどこすことが肝要なのである。

一番に登場する対象は「ヒト」。それも捨て子のような弱者への保護です。

当時、オランダ商館のドイツ人医師であったケンペルは、江戸からの帰途、浜松の道路の脇で僧侶が死んでいく痛ましい光景を目にしました。そして次のように書き残しています。

彼（僧侶）は「露地にうつ伏せに倒れていて、土砂降りの雨でびしょ濡れになっていた」が、「まだ生きていることを示すための音」を立てていた。それは「遺体として乱暴に扱われると思ったからである。この光景は石を動かすことがあっても、日本人の心を動かすことはなかったであろう」（『犬将軍』、カッコ内は引用者）

当時、人間であろうと動物であろうと、道路沿いに遺体が並ぶ光景は、珍しいものではありませんでした。衰えて荷物運びとして役に立たなくなった馬などが遺棄されたばかりでなく、病気になった旅人は、ほかの客への感染を恐れて宿屋から追い出され、道路沿いに取り残されて死を迎えるようなことが多々ありました。綱吉が将軍職に就任したころの日本は、ドイツ人医師をして、石を動かすことはあっても、日本人の心を動かすことはないと言わしめるほど、弱者が無慈悲に切り捨てられる社会だったのです。このような状態に対して、綱吉が道中奉行に対応を命じた結果、江戸時代後期には「旅人が援助もなく孤独に路上で死ぬことはなく、当局は即座に町医者を派遣して病気の旅人の治療にあたらせる」国と賞賛されるようになりました。

また、綱吉は、規則を厳格に維持する一方で、その慈悲は法を犯して牢屋に入れられている者にも及びました。一六八八(元禄元)年には、牢屋の環境改善をはかるとともに、定期的な入浴と冬期には追加の着物が与えられるようになりました。更に翌年には、貧困生活を送る下層民に対する対処策を考案するよう老中に命じています。

このような弱者保護に関する法令・政策は、その課題に直面する人びとには負担になっても、支配層、つまりは強者である大部分の武士にとっては、あまり関係のないものでしたが、犬の保護に関する規則は、その強者たちへも大きな影響を与えます。

この頃、史料の二番目の条文にあるように、犬に食べ物を与えないようになると、えさをもらえなくなって飢えた犬たちは食物を盗み、人を襲い、捨て子を喰うようになりました。

綱吉は犬の保護など動物への思いやりを説いていたため、非暴力という方針に従いつつ、解決策を講じなければならなくなりました。そこでつくられたのが犬の収容施設（犬小屋）です。犬小屋の建設費用は、大名など社会の最上位層に位置する人びとが負担させられました。彼らにとっては迷惑千万でしたが、そもそも江戸に野犬があふれたのは、大名や旗本たちに大きな責任があったのです。それは「鷹狩り」によるものだったからです。

八代将軍徳川吉宗が、鷹狩りが好きだったことはよく知られています。名将軍としてドラマの主人公にもなる吉宗ですが、当時の落書には

上《かみ》の御数寄《おすき》なもの　御鷹野《おたかの》と下《しも》の難儀

と書かれています（上とは将軍、下は庶民のこと）。

実は綱吉の二つ前の将軍、三代家光も鷹狩りが大好きで、よくおこなわれました。

鷹狩りには莫大な費用がかかります。鷹を飼育するためのエサとして、また猟犬としても犬は鷹狩りに必要でした。そのため、大名や旗本は、鷹狩りのために犬を飼っていました。たくさんの犬を飼っていれば、当然子犬が生まれます。不必要に増えた犬は、屋敷の外に放したり、犬が自ら逃げ出したりすることもあり、江戸の犬の数はどんどん増えてい

きました。

大都市における野犬の放置は社会問題になり、綱吉は飼い主に犬を登録させ、管理を義務付けました。これはアメリカのニューヨーク州の実践より二百年以上も早い画期的なものでした。ところが、これに対して老中は「自分の犬が逃げ出して見つからない場合は、他の犬を連れてきて代わりに登録してもよい」という本末転倒した解釈をつけて、骨抜きにしようとしたため、綱吉は、その老中を一時的とはいえ、罷免します。

また幕府は、大名が犬をそれぞれの藩に戻すことを奨励しました。これに応じて尾張藩主は、不要な犬四十四を江戸屋敷から領国に送りましたが、その四十四の犬は名古屋の町に放されてしまいます。ここから、いかに尾張藩の上層部が、綱吉の意図を理解せず、庶民の苦しみに関心をもっていなかったかがうかがえます。

さらに鷹狩りは、当日獲物が捕れなければ面白くありませんから、狩り場となる地域の農民は、農作物を荒らす動物を駆除することを禁じられており、大変な苦労を強いられました。

もちろん、綱吉は鷹狩りをしません。そのため、鷹狩りを担当していた役人は、犬小屋の世話役に配置換えとなりました。

よく「綱吉が本人・生母ともに戌年生まれであったため、犬を偏愛した」と言われてきましたが、実際にはそのような形跡は残っていません。江戸城で犬がペットとして飼われていたという記録も、百点を超える彼の自筆の絵画のうち犬が描かれているものも一つもありません（多くは馬が描かれていました）。

『詳説日本史B』（山川出版社）には「大部分の人びとにとって、行き過ぎた動物愛護の命令は迷惑なもので、とくに犬の飼育料を負担させられた関東の農民や江戸の町人の迷惑は大きかった」（二百一頁）と記されています。確かに犬小屋の維持費用は莫大なものとなりました。公費ではまかなえず、犬を移送してきた町々から、家の間口に応じて上納金を徴収したため、大きな屋敷を持つ者ほど負担は増大しました。関東の農村からも、村高の一%ずつ米などを出させており、多くの人びとが損害を被ったことは否定できません。しかし、一方で綱吉は、近隣の村に犬の養育を求め、受け入れ先には、犬一匹あたり金二分という養育費を支払ってもいるのです。金二分は、奉公人の一年分の給与に相当する魅力あるものであったため、村をあげて受け入れ体制をつくったところもありました。町人からも、一帯の相当数の犬を犬小屋に移送するよう求めた請願も出ています。綱吉の政策が、大部分の人びとの生活を疲弊させるものだったとは、ぼくには思えません。

綱吉の時代には、庶民に対して、こんな法令も出されています。

犬小屋に収容するために犬を追いかけまわす武士を、冷やかしてはならない

今、これを読んだ皆さん、きっと笑ったでしょう。ぼくも光景を想像して笑いました。当時の江戸の庶民たちも、さぞ声をあげて笑ったことでしょう。

生類憐みの令のことを「人びとが苦しんだ悪法」と書いている史料のほとんどは、武士によって書かれたものです。武士にとっての「人びと」とは自分たちのことであって、弱者である庶民ではなかったことは、犬を町に放した尾張藩の対応をみてもわかります。生類憐みの令は、「人びと＝大部分の武士たち」にとっては本当に迷惑であり、必死で犬を追いかけまわす姿を嘲笑されるのは、たまらない屈辱だったでしょう。確かに、役人である武士にとっては、綱吉は残酷な人物であったという非難は当てはまるのかもしれません。

また、綱吉の死後、政治の中枢を担った新井白石が、自らの正当性を主張するために、綱吉を徹底的に批判したことも、後世の判断に影響を与えたといえるでしょう。

†家綱・綱吉が残したもの

「親族の死去のため忌引何日」とか「今、喪中なんです」と言うことがありますが、これ

も綱吉が定めたものです。一六八四年、綱吉は生類憐みの令に先だって服忌令《ぶっき》を発して、忌引などの基準を定め、死や血を忌み嫌う風潮をつくりました。これが江戸時代を通じて社会に影響を与え、今も生きています。

以上のように、「末期養子の禁の緩和」・「かぶき者の取り締まりの強化」から始まった四代家綱・五代綱吉という兄弟による取組は、さらに「殉死禁止令」→「服忌令」→「生類憐みの令」と続いていきました。これにより幕府は、戦国時代以来の武力によって相手を殺傷することで上昇をはかる価値観を、完全に否定しました。そして武力にかわって、武士には、為政者としての弱者を思いやる道徳や儀礼の知識、さらには官吏としての事務能力が重視されるようになったのです。

徳川綱吉の人柄が伝わるこんなエピソードがあります。

ある日、大老堀田正俊が綱吉に次のような報告をしました。

路上で憐れな二人の浮浪児を見ました。その子どもたちがあまりにも貧しくみじめだったので、即座にこの子たちを助けなくてはならないという強い衝動にかられました。しかし、このような些細なことに精を出すのは、将軍の家臣のなかでも最高位にある者のすべきことではないと、その衝動を打ち消しました。

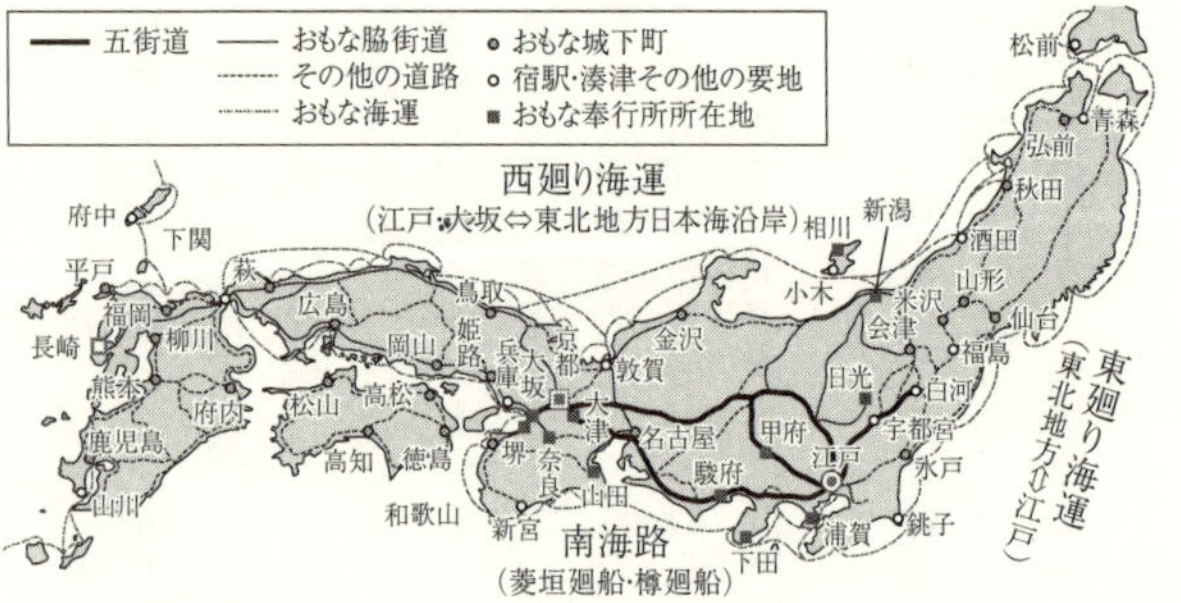

交通・流通網

それに対して、綱吉は次のように述べて堀田正俊を正しています。

> 真に慈悲深い者がなぜ、このことが重要か否かを問うのか。太陽や月の光は最も小さなものでさえ照らしてくれる。そもそもあなたの過ちは、小さな事柄にひどく苦悩することは間違っていると考えたことだ。

†産業・経済の発達

幕政が安定した家綱・綱吉の時代（十七世紀後半）には、産業・経済が大いに発達します。戦国時代の築城や鉱山開発で培われた掘削・測量・排水などの技術は、治水や溜池・用水路の開削技術に転用され、大規模な新田開発がおこなわれました。その結果、十八世紀の初めには、耕地面積は江戸時代初期の約二倍となっていました。

新田開発に関してぼくがすごいと思うものの一つは、箱根用水です。箱根駅伝のゴール地点でもある芦ノ湖の水を静岡県側へ引くために造成された灌漑用水路です。一六六六年に着工し、全長千二百八十メートル・幅二メートルのトンネルを、芦ノ湖側と静岡県側の両方から手作業のみで掘り進め、四年で完成させました。実は、この四年という期間も、予定より大幅に遅れてのことです。両サイドから掘り進めたトンネルの合流地点は、芦ノ湖側が一メートルほど高くなっていますが、これは誤差ではなく、上から下に水を流すうえで、万が一にも連結部で上流側が低くならないように計画されていたためです。まさに計画通りに完成したのです。

農業や諸産業の発展とあわせて陸上・海上交通網も整備されました。大坂と江戸を結ぶ南海路には菱垣廻船や樽廻船が運航し、多様な商品が送られるようになりました。現山形県酒田市を起点として、日本海沿岸から瀬戸内海を経て大坂に達する西廻り海運と、津軽海峡まで北上して、東北の太平洋側を南下して江戸に至る東廻り海運も整備されました。これにより商品流通の全国市場が形成され、経済活動はさらに活発となります。

「現金掛け値なし」で有名な越後屋呉服店の三井高利や、大坂中之島に米市を開き、世界で最初に先物取引を行った淀屋辰五郎、嵐のなか、紀州みかんを江戸に運んで巨利を得た

紅白梅図屏風

出典：小林忠『江戸の絵画』藝華書院

見返り美人図

出典：『名品揃物浮世絵1　春信』ぎょうせい

という逸話のある紀伊国屋文左衛門など、伝説の豪商が輩出されたのもこの時期です（文左衛門のみかん伝説は史実ではないと考えられます）。その繁栄ぶりは、三井の越後屋呉服店は「一日に金二千両の商いがあれば祝いをする」（『世事見聞録』）と言われるほどでした。

このような政治の安定とめざましい経済の発展を背景に、上方を中心として多彩な元禄文化の花が開きます。その洗練された美術品を代表するものが、京都の豪商出身の尾形光琳が描いた「紅白梅図屏風」（国宝）や、菱川師宣《ひしかわもろのぶ》の浮世絵「見返り美人図」などです。

†学問の発展

一六八三年、綱吉は代替わりの武家諸法度を出しました。その第一条は、それまでの「文武弓馬の道、専ら相嗜むべき事」が改められ、「文武忠孝を励まし、礼儀を正すべき事」となりました。武士に要求される第一のものが、武芸ではなく主君への忠、父祖への孝、そして礼儀となったのです。この文治主義の考えは、儒教に裏づけられたものでした。

綱吉は孔子を祭る湯島聖堂を建てるとともに、そこに学問所を設けて林信篤《はやしのぶあつ》を大学頭《だいがくのかみ》に任じました。林信篤は、家康に用いられた林羅山の孫です。羅山は儒学のなかでも宋代におこった朱子学を修めた人物です。朱子学は、君臣・父子の別をわきまえ、上下の秩序を重んじる学問でした。林羅山が説いた「上下定分《じょうげていぶん》の理《り》」は、その象徴的な考えです。これは「自然界に天地の上下があるように、人間社会にも身分の上下のけじめがある」というものです。

朱子学が、教学として幕府や藩に重んじられたため、江戸時代の儒学は封建的身分制度を正当化する理論として、マイナス面が強調されがちです。しかし、元禄時代に発展した儒学は朱子学ばかりではありませんでした。例えば、中江藤樹《なかえとうじゅ》は陽明学の立場から、正しい知識があっても実践をともなわなければ意味がないとして、朱子学を批判しました。この陽明学の精神を体現した存在が、のちに天保の飢饉に際して、幕府の政治を批判して挙兵した元大坂町奉行与力大塩平八郎だともいえるでしょう。

さらに、綱吉の側用人であった柳沢吉保《やなぎさわよしやす》に抜擢され、八代吉宗の信任を得た荻生徂徠《おぎゅうそらい》は、孔子・孟子の原点に返ることを主張し、孔子の教えは天下を安んじて人びとが幸せに暮らせる世をつくるための経世済民の学であるとして、統治の具体策を説いています。徂徠の「罪があるのは、あまりの貧しさゆえに母親を見捨てなければならなかった農民ではなく、そのような惨めな貧困状態を生じさせた役人である」という主張から、彼が、綱吉の政策を理解していたことがうかがえます。

また、儒学の合理的で実証的、現実的な考え方は、諸学問にも大きな影響を与え、本草学（薬学）や農学・医学など実用的な学問が発達し、出版された書物は広く利用されました。天文学も大いに発展し、渋川春海《しぶかわはるみ》は日本独自の貞享暦《じょうきょうれき》をつくります。この功績に対し、幕府は天文方を創設して渋川を任じました。以降、天文方からは優秀な人材が輩出されました（天文方は、鎌倉時代の六波羅探題と同じように組織名であり、その長官名でもあります）。

そして何より、我々に影響を与えているものは、算聖こと和算家関孝和《せきたかかず》の筆算の発明でしょう。彼の円周率の計算方法は、西洋より二百年進んだものでした。

†文学と芸能

元禄期の文学を代表するのは、松尾芭蕉の俳諧、井原西鶴の浮世草子、そして近松門左衛門の戯曲です。

「浮世《うきよ》」は以前は「憂き世」と表記されており、現世を否定的にみた教訓めいた作品が書かれていました。それに対して西鶴は、現世を生きる人びとの姿や気持ちをありのままに表現し、「浮世」としたのです。デビュー作でもある『好色一代男』など男女の愛欲を描くものは好色物。金銭をめぐる悲喜劇が写実的に綴られているのが町人物。そして武家の生活を描いた武家物と、三つのジャンルに分けられています。人形浄瑠璃や歌舞伎でも演じられる「八百屋お七」(恋人に会いたい一心で放火事件を起こし火刑に処されたとされる少女)の話を広く知らしめたのも、西鶴の『好色五人女』でした。

その人形浄瑠璃や歌舞伎の脚本家として、素晴らしい戯曲を書いたのが近松門左衛門です。青年時代の彼は、京都の公家に仕える武士でした。それが、武士をやめて劇作家である町人となったのです。さすがに最近は正しい知識が広まってきましたが、「江戸時代には、世襲制の士>農>工>商という厳しい身分序列があった」という誤解は、まだまだなくなってはいません。実際の江戸時代の身分は、基本的には支配者身分である武士と、被支配者身分である百姓、町人の三つです。そして、この身分はあくまで職業による身分であり、世襲が原則でしたが、実際にはかなり流動的な面もありました。

授業では「人形浄瑠璃は、近松の脚本と竹本義太夫の語りで大ヒット!」と覚えさせています。当時、脚本作家の名前を出す慣習がなかったなかで、「作家近松門左衛門」と公表したのが義太夫の竹本座です。のちに近松は京都から大坂に住居を移し、竹本座の専属作家となるのですが、その間に歌舞伎の和事（恋愛物）の名優であった坂田藤十郎のための脚本も書いています。この歌舞伎の脚本を書いた経験が、人形浄瑠璃に生かされた傑作が、一七〇三（元禄十六）年五月に上演された『曽根崎心中』です。

ＪＲ大阪駅の近くに通称「お初天神」こと露天神社があります。菅原道真に由緒をもつとされるこの露天神社の森で、元禄十六年四月、大坂の醬油屋平野屋の手代徳兵衛と堂島新地天満屋の遊女お初が心中しました。これは実際に起きたことでした。

心中の理由は、『曽根崎心中』に従って簡単に言うと、

平野屋の奉公人徳兵衛は、叔父でもあった店の主人に気に入られて、主人の姪と結婚して新たに店を持たせてもらえるという話になった。しかし、なじみの遊女お初との恋のために徳兵衛はこれを断り、お初と心中した

というものです。

江戸時代の双六に、「商人の出世双六」というものがあります。丁稚からスタートして、手代になり、様々な経験を積んで番頭に出世して、壮年になって主人に暖簾《のれん》分けしてもらい、独立できたらゴール（上がり）です。徳兵衛は二十代半ばにしてまさに「上がろう」

としていたのを、場末の遊女との恋愛に義理立てして心中したのでした。こういう者を大阪弁で

アホ

といいます。これだけなら大坂の町人にとって、色恋に狂ったただの「アホ」の情死に過ぎません。しかし近松は、これに義理人情をからませてストーリーを複雑にしあげるのです。

勝手に進められた縁談だが、主人からの結納金を徳兵衛の継母が受け取って返さない。何より徳兵衛は大親友だと思っていた油屋の九平次の苦境を救うために金を用立てしたが騙され、かえって偽の判を使い偽証文をでっち上げたとされて、追われる身となった。さらにその九平次が、お初を狙っている。徳兵衛は商人としての信用を守るために死を選び、お初はその男のために、愛を貫きともに死ぬ可憐な女であった。

こうなると大坂の町人たちにも、受け入れられる話となるのです。なぜなら、ことが金銭にからみ、商人としての信用問題となると、自分たちも身の証をたてるためなら、死を選ぶと思えたからです。

「天満屋の段」では、九平次におとしいれられた徳兵衛が、お初を訪ね、身の証をたてるために、死ぬつもりであることを告げます。そんな徳兵衛を、お初は自分の打掛のなかに忍ばせて、店の縁の下に隠します。店に現れた九平次から、徳兵衛の悪口をさんざん聞かされたお初は、怒りに震えている徳兵衛を自分の足の先で制して、九平次に向かって、「徳兵衛のためなら自分は命を捨てる覚悟」と言い放ちます。その言葉に徳兵衛は、愛《いと》おしげに手に取ったお初の白い足首で自分の喉をなでて、死ぬ覚悟を伝えるのでした。演じているのが人形であっても、と言うよりも、人形だからこそ、ぞくりとする哀しくも美しい名シーンです。

人びとの共感を得た『曽根崎心中』は大ヒットし、歌舞伎でも演じられました。

最後に歌舞伎について、少し話をします。

桃山時代に出雲阿国《いずものおくに》によって始められたかぶき踊りは、遊女屋に取り入れられるようになり、女歌舞伎として広まっていきます。一方で、十二歳から十八歳の少年（若衆）によって演じられるもの（若衆歌舞伎）もありました。これらはいずれも性的な要素を含んでいたため、幕府によって禁止され、綱吉の時代には成人男性のみが演じるようになりました。

成人男性のみが演じる訳ですから、曽根崎心中のような恋愛物（和事）のヒロイン役も男性が務めることになります。上方では和事を得意とする坂田藤十郎や女形の芳沢あやめが人気をはくし、江戸では勇壮な荒事で好評を得た初代市川団十郎などの名優が出て、民衆の演劇としての歌舞伎を発達させました。

時は流れて、二〇一七年には、歌舞伎役者の中村獅童さんが、バーチャルシンガーの初音ミクをヒロイン役とする超歌舞伎を上演しています。

最新のテクノロジーを使ったスペクタクルな舞台ではあっても、台詞の言い回しや見栄の切り方、基本的な所作、そして筋立ての構成は、伝統的な歌舞伎の荒事なのです。初音ミクが踊っていても、それは日本舞踊の舞でした。

歌舞伎は江戸時代後半に、人形浄瑠璃を圧倒する人気芸能となるのですが、その要因の一つは、場面を一気に転換させる回り舞台や、幽霊が壁抜けする仕掛けなど、当時としては非常にスペクタクルな舞台演出がなされたことでした。

取り組んでいる中村獅童さん自身が「歌舞伎は伝統芸能と言われているが、元はといえば江戸時代の庶民の娯楽。その時代時代に人々が楽しむものと融合し、新しい姿を見せていくのは自然なこと」と語っています。

公演では、獅童さんへの「萬屋《よろずや》！」、敵役を演じた澤村國矢さんへの「紀伊国屋！」といったなじみの屋号に加え、初音ミクへの「初音屋！」、さらには映像技術を担当したNTTへの「電話屋！」などの大向《おおむこ》う（掛け声）が飛びかいました。獅童さんは観客を盛んに煽《あお》り、観客はそれに応えて声を張り上げ、まさに舞台と客席とが一体となって楽しむ大衆演劇となっていたのです。

正直に言って、最初は初音ミクが発する歌舞伎の台詞の言い回しに違和感をもちました。でも、七時間目に室町時代の観劇の仕方は「身分の上下を問わず、みんな素直に感嘆の声をあげながら、ワイワイ見るものでした」と記したように、歌舞伎の一つのスタイルとして、これも良いのではないかと思うようになりました。

九時間目で中心的に紹介した綱吉のことを「卓越した君主」と賞賛したケンペルは、さらにこう続けています。

生活習慣や芸術、道徳の点でこの国の民は、他のあらゆる国の人々を凌駕している

元禄時代は、平和な社会のなかで産業・経済が発達したことを背景に、世界に誇れる学問や文学、芸術、そして弱者をいたわる道徳が、日本で育っていった時代でもあったのです。

十時間目▼
三大改革と藩政改革　江戸時代後半
——リーダーたちは何を求め、何を残したのか

†代表的日本人

日清戦争が始まった一八九四（明治二十七）年。この年から約五年ごとに、日本人が英文で書いた三冊の書物が刊行され、いずれも大評判となりました。その三冊とは、内村鑑三の〝*Japan and The Japanese*〟、新渡戸稲造の〝*Bushido*〟、そして八時間目でも紹介した、岡倉天心の〝*The Book of Tea*〟です。このうち〝*Japan and The Japanese*〟はその後〝*Representative Men of Japan*〟と改題され、『代表的日本人』と訳されています。

この『代表的日本人』では、江戸時代屈指の名君といわれる米沢藩主上杉鷹山が世界に紹介されました。アメリカのケネディ大統領が来日した際、政治家として上杉鷹山を尊敬

していると言ったという話がありました。その時の記録は残っておらず、真偽は不明でしたが、二〇一三年に駐日大使として来日した娘のキャロライン・ケネディ氏が「父は上杉鷹山を尊敬していた」と話し、米沢を訪問したときのスピーチでも取り上げたのです。事実だったとすれば、ケネディ大統領も『代表的日本人』を読んでいたのかもしれません。

十八世紀半ばの宝暦期から寛政の改革前後にかけては、多くの藩で藩政改革がおこなわれました。上杉鷹山をはじめ、熊本藩の細川重賢《ほそかわしげかた》、秋田藩の佐竹義和《さたけよしまさ》ら、藩政改革に成果をあげた藩主は名君とよばれました。

でもなぜ、この時代に多くの藩で藩政改革がおこなわれるようになったのでしょうか。

十時間目は、「江戸の三大改革」とよばれる取組がおこなわれた、江戸時代後半の幕府と藩の状況について学んでいきます。

†年貢の増徴に力を注いだ徳川吉宗

江戸幕府は創設以来、四百万石におよぶ幕領（直轄領）からの年貢収入と、佐渡や伊豆、但馬生野、石見大森などの鉱山からの収入により、他の大名を圧倒する経済力を有していたといわれています。ところが元禄期になって、幕府は初めて赤字財政を体験することに

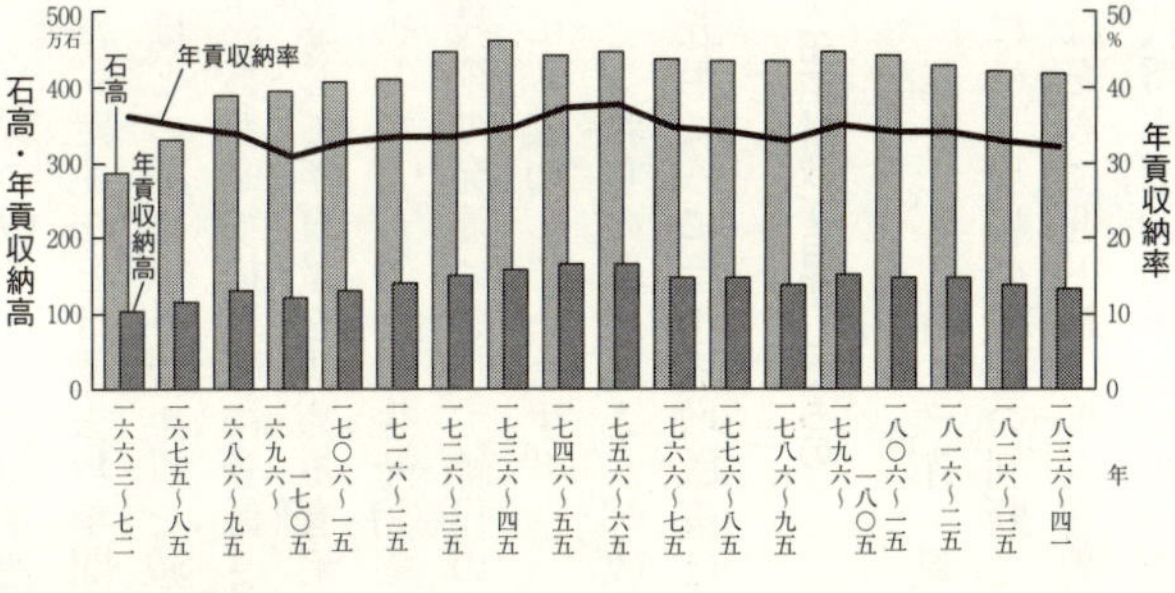

石高・年貢収納高

なりました。

その最も大きな要因は、鉱脈の枯渇による鉱山の産出量の大幅な減少でした。鉱山の産出量の増加が見込めない以上、幕領からの年貢収入を増やさなければなりません。

上のグラフは幕領の石高・年貢収納高、年貢収納率を表したものです。

幕領の石高は当初は三百万石弱でしたが、一六八〇年代に急増し、享保の改革の直前の一七一五年には約四百万石になりました。これは、九時間目で述べた十七世紀後半の新田開発の成果です。しかし、年貢収納高はそれにあわせて増えてはいきませんでした。それは、石高の増加とは反対に、年貢率は平均して三・五%下がっていたからです。年貢率は、検見法《けみほう》といって毎年、作柄《さくがら》（出来具合）に応じて変動していたため、不作や凶作があるとすぐに低下しました。そのため、幕領の増加に年貢収入が比例しないというのが、享保の改革直前の状態だったのです。

享保の改革で八代将軍徳川吉宗が、この問題への対応策として採用したのが定免法《じょうめんほう》でした。定免法とは過去数年間の年貢高の平均を基準に年貢率を決め、一定期間固定して、よほどの不作以外は年貢を減免しないという徴税法です。

あわせて検地帳に登録された上田・下田などの田畑の等級に関係なく、現実の収穫量に応じて年貢量を決める有毛検見法《ありげけみほう》を用いました。これにより、やせた土地で肥料などを工夫して、苦労して生産効率を上げれば、その分増税されるようになりました。また、農業技術の発達によって綿作の盛んになった西日本では、畑の年貢を増やして大幅な年貢増徴にも成功しています。

これらの取組により、改革の期間全体でみれば年貢率は上昇し、吉宗が引退する一七四五年ころには年貢増徴策は実を結びました。

†田沼財政が目指したもの

しかし、享保の改革の厳しい年貢収奪が一揆の増加をもたらしたため、次の家重《いえしげ》の時代には、現場の代官の判断で実質的な減税がなされるようになります。年貢収納高と年貢率はともに低下し、年貢増徴政策は限界に達していました。そのため、家重に見出され、十代将軍家治《いえはる》の重臣となった田沼意次は、あらゆる方面から財源を求めなければならなかったのです。田沼意次は、賄賂政治家の代表のように言われ、悪評が高かったのですが、近年、その改革性を高く評価する意見をよく目にします。

ここで田沼がとった策とは、「民間の活力を利用する」というものです。

まず、株仲間の結成を奨励して、都市の商人のみでなく在郷商人からも運上《うんじょう》・冥加《みょうが》という営業税を徴収し、本来、公共事業である新田開発のための干拓工事を、商人資本で進めていきます。

さらには、仙台藩の医師工藤平助の意見を取り入れて最上徳内《もがみとくない》を蝦夷地に派遣し、その開発とロシアとの交易の可能性を探りました。一方で、銅、鉄、朝鮮人参、真鍮《しんちゅう》という必要不可欠なものや高級品の座を設けて幕府の専売とするのです。

すごいというかセコいというか……と思うのは、朝鮮人参の専売です。ちなみに、時代劇で可憐な少女が「病気のお父さんのために、がんばって働いて朝鮮人参を買ってあげるんだ」というシーンを見たことがありますが、江戸時代、万病の薬と言われた朝鮮人参は、どれくらいの価値だったのでしょうか？

なんと、職人としては高給取りの部類であった江戸時代の大工さんの日当十五年分が、朝鮮人参一斤（六百グラム）に値しました。今、一包三グラムの粉末が売られていますが、それが大工さんの一カ月の収入に相当することになります。そのため、少女ががんばっても、なかなか手に入るものではありませんでした。

田沼の政策は、長崎貿易は日本の金銀が流出するから抑制すべきであるという従来の意識も、転換させました。蝦夷地でとれる干しアワビ・いりこ（干したなまこ）・フカヒレといった中華料理の高級食材を俵に詰めて中国へ輸出することで、逆に金銀の輸入をはかり、その輸入した金銀によって新しい貨幣の鋳造をおこなうようにもなりました。

こうして見ると、田沼意次は財政再建のために相当がんばっていたように思えます。彼の失脚は、十代将軍徳川家治による実力主義の人材登用に危機感を抱いた松平定信ら門閥派が、家治を暗殺して、責任を田沼になすりつけたという陰謀説を読んだこともあるほどです。家治の死後、失脚した田沼に対する処分は前例のない厳しいものでした。松平定信が自分の改革を正当化するために、田沼を徹底的に悪者に仕立て上げた面があったことは否定できません。

しかし、田沼のやり方にも問題はありました。財政再建にがんばるあまり、極めて幕府本位になり、大名の利害に抵触したり、負担を増加させたりした面が多々あったのです。その一つが、大名・旗本などへの拝借金を制限したことでした。拝借金とは、自然災害や凶作、大火などで財政が窮地に陥ったときに与えられた無利子の貸付金です。それまで幕府は、諸藩に統制をかける一方で、「公儀」の役割として、諸藩がピンチの時には助けてもいたのです。

幕府の公儀性が失われ、苦境に陥っても助けてくれないのなら、諸藩は自分で何とかするしかありません。十八世紀後半に、上杉鷹山や細川重賢のような藩政改革に成功した名君が輩出した背景には、このような事情もあったのです。

†江戸中期の藩政改革の特徴

熊本藩や米沢藩に代表される、この時期に成功した藩政改革には、共通するものがあります。

まず、政治面では、藩主が先頭にたって倹約と藩士の綱紀粛正をおこない、藩校の設立や整備によって教育を振興し、人材を育成・登用して、さらに領民の風俗も統制しました。

そして、経済面では、農民層が上下に階層分化するのを抑えて年貢収納の確保を目指す一方で、殖産興業策によって領内の木綿・塩・紙などの特産物の生産を伸ばしました。あわせてあらたな商品を開発して、それらを藩が独占的に購入して他へ販売する専売制度を実施しました。領内が経済的に困窮するのは、他から商品が入ってきて領内の金が出て行くからであって、領内を豊かにするためには、必要なものは自給して、商品となるものを他へ売って金を得ればよいという理論のもと、領内の自給性を高めて、専売制度で藩財政を補塡しました。

藩は、領内の生産や流通に対する統制を徹底し、窮乏した財政を立て直して、藩権力を強化していったのです。これによって、この時代、藩を一つの国家とみなす観念が生まれ、それが実態化していきました。

しかし、これによって藩経済が、幕府から自立できたわけではないのです。

それはなぜか？

答えは、当時の流通・市場構造にありました。諸藩はもともと年貢として集めたものを中央市場である大坂や江戸の蔵屋敷に送って販売しており、専売制で集めた商品も同じ扱いでした。江戸や大坂は幕府の直轄都市であり、その流通機構を掌握していたのは、幕府から公認された株仲間たちでした。そのため商品を集めても、藩外への販売は、幕府主導の流通・市場構造に依存せざるを得なかったのです。

江戸時代のはじめは、株仲間は認められていませんでした。織田信長が経済を活性化させるために、城下町を楽市楽座にしたのは有名ですが、それと同じ自由競争だったのです。それを改めて、株仲間を公認して結成させたのが、八代将軍徳川吉宗です。目的は、流通統制や物価の調整、命令の伝達・遵守などを担わせることでした。そのため、商品流通は株仲間を通じて、間接的に幕府の統制下にあり、藩経済は自立に至らなかったのです。

宝暦・天明期の文化

それまでの価値観とは異なる取組をした田沼の姿勢は、文化にも刺激を与え、十八世紀後半には諸学問が盛んになり、文学や美術、芸能が多様な発展をとげました。

いわゆる田沼時代が始まったころ、鈴木春信が多色刷りの浮世絵版画（錦絵）の技法を完成させます。ここから浮世絵の黄金時代の幕が開かれました。喜多川歌麿の美人画や、個性的な役者絵・相撲絵の東洲斎写楽の作品が有名ですが、ぼくは、錦絵の技法を完成させた鈴木春信の作品が好きです。春信の描く美人画は、オードリー・ヘップバーンのような「抱きしめたら折れそうな」タイプなのです。上の図でも示した「清水の舞台から飛ぶ美人」は、『メアリー・ポピンズ』が刊行される百七十年も前の作品です。彼は、評判だった美人の絵を載せた絵暦という、今でいうグラビアアイドルのカレンダーのようなものをつくったりもしました。

清水の舞台から飛ぶ美人
出典：田辺昌子『鈴木春信』東京美術

小説では浮世草子が衰えた後、遊里を描く洒落《しゃれ》本や、絵入りの風刺小説である黄表紙が流行しました。その両方のジャンルで作品を残したのが山東京伝《さんとうきょうでん》です。

京伝の黄表紙『江戸生艶気樺焼《えどうまれうわきのかばやき》』は、大金持ちのボンボンだけどまったく「もてない君」十九歳が、〝もてもて男〟として人びとに噂されたいと芝居をうちます。近所の芸者に五十両渡して「あなたに一目惚れしました」と泣きついてもらうのですが、番頭には「若旦那の顔でこんなことがおこるはずがない。人違いじゃないですか」といわれる始末で、ちっとも評判になりません。上の図はラスト近くで、その名も浮名という最高の遊女を千五百両で身請けして狂言心中を企てたところを、追いはぎ（実は父親と番頭）に襲われて身ぐるみはがされ「おまえらどうせ死ぬんだから俺が介錯してやろう」と言われて、「ここで止める人が出てくるはずなのに、どうした手違いだ」と命乞いをする場面です。

江戸生艶気樺焼

出典：『古典日本文学全集 第28』筑摩書房

これでもかと策を弄するバカ旦那のナンセンスコメディーには、吉本新喜劇も真っ青です。これらの作品を読むと、日本人にユーモアのセンスがないというのは間違いだとつくづく思います。

その一方で、文章が主体の読本《よみほん》、上田秋成の『雨月物語』が出たのもこの時期でした。幽霊になっても愛する夫を待っていた「浅茅《あさじ》が宿」は、授業で『平家物語』の安徳天皇入水と並ぶ、女子生徒の涙をさそう話です。また、愛していた弟子が死んだ悲しみのあまり、その肉を食べてしまった僧が登場する「青頭巾」では、愛も煩悩かと考えさせられます。

学問では、やはり人気なのは平賀源内でしょう。摩擦発電機（エレキテル）の実験で有名ですが、寒暖計をつくったり戯曲や滑稽本も書いたりなど博学多才の人で、鉱山開発にも携わっています。神戸市立博物館が所蔵する油彩画「西洋婦人図」も彼の作品です。

源内は五十二歳の時、酔って人を殺した罪で投獄され、そのまま死亡したといわれています。彼の葬儀をおこなったのは、『解体新書』を翻訳した杉田玄白たちで、玄白は源内の墓の横に碑を建てて、「ああ非常の人」と、その死を惜しんでいます。ただ、源内の死は不明なことが多いため、当時から、死んだことにして、源内のパトロン的存在であった田沼意次の庇護の下に置かれて、発明にいそしんでいるという噂もあったようです。真偽はともかく、源内と田沼とは通じあうものがあったと人々が考えていた点は、

平賀源内による西洋婦人図
出典：芳賀徹監修『平賀源内展』東京美術

興味深いです。

†寛政・天保の改革の背景

松平定信が主導した寛政の改革、水野忠邦が主導した天保の改革は、享保の改革と三つまとめて「江戸の三大改革」とよばれていますが、享保と比べてこの二つの改革は、直面していた課題が明らかに異なっています。

杉田玄白が「もし天明の打ちこわしがなかったら政治が改まることはなかっただろうと言う人もいた」と記したように、天明期には深刻な凶作と飢饉が連続して数十万人が餓死し、村は荒廃し、激しい一揆や打ちこわしが頻発しました。

また、国内だけでなく、国外からも危機の予兆がありました。松平定信の時代には、北方からロシア使節ラクスマンが来航して通商を求め、水野忠邦の時代にはアヘン戦争で中国がイギリスに敗れたという情報がもたらされます。

十八世紀末からの日本は、国内の危機と対外的な危機とが同時に進行する〝内憂外患〟の時代を迎えていたのです。

†農村復興策

まず国内の危機からみていきましょう。享保の改革では、財政再建のために、定免法の採用などによる年貢増徴策がとられましたが、天明の大飢饉直後に年貢増徴策を打ち出せるはずもありません。そのため、寛政の改革では、小農経営を中核とする村の維持と再建に力が注がれました。その代表的なものが旧里帰農令《きゅうりきのうれい》です。飢饉や経済的困窮により減少した農村人口を回復させるため、江戸に流入した農村出身者に、資金を与えて農村に帰ることを奨励したのです。また、人口を増加させるため小児養育金を支給し、荒廃した耕地の再開発に必要な資金を供給するために、公金貸付政策も大規模におこないました。

高校の授業では、江戸時代の学習の早い段階で、幕藩体制の構造を学びます。村の統制については、田畑永代売買の禁止令や分地制限令、商品作物を自由に栽培することを禁じた田畑勝手作りの禁などの法令が出てきます。ぼくはこれらを教える時、生徒に次のように言っています。

「いいか、これらの法令の目的は全部一緒だ。〝本百姓体制を維持し、年貢を確保するため〟だ。丸暗記せい！」

本百姓とは、自分の土地を持ち、検地帳に登録されて税を負担する百姓で、松平定信の政策は、幕藩体制の基礎である本百姓体制の再建を目指すものでした。その政策の背景には、十八世紀後半の農村では、産業や貨幣経済の進展にともない、一部の有力な者が成長して「豪農」と呼ばれるようになる一方で、小百姓が田畑を失って小作人に転落するなど、本百姓が豪農・貧農・小作人へと階層分化したことが挙げられます。その意味では、この政策は重農的・復古的だといえるでしょう。

また、天保の改革で水野忠邦が出した人返しの法も、旧里帰農令と基本的なねらいは同じでしたが、一部違った目的もあった点には注意が必要です。

天保の飢饉の際、大坂では大塩平八郎が挙兵しますが、江戸では、寛政の改革によって、飢饉に備えて積立金（七分積金）をおこない、町会所に米を備蓄（囲米）していたおかげで、騒動はギリギリ起きませんでした。

米価が上がればすぐに救済を必要とする、救済がなければ騒動を起こす主体となるのは江戸の下層民です。騒動を起こさせないためにも、農村部から江戸に移り住んだ者を強制的に農村へ返し、江戸の下層人口を減らすという目的も人返しの法にはあったのです。

しかし、離村せざるを得なくなって江戸に来て、仕事と住居を得ている者を強制的に村へ帰すのは現実的ではないという反対が当初からあったように、結局は出稼ぎ制限をして、チェック体制を強化し、近年江戸に住むようになった単身者を強制的に帰村させるという策にとどまってしまい、江戸の人口減少には効果がなかったといわれています。

†ラクスマン来航とイギリスの接近

次に国外からの危機を見ていきましょう。寛政の改革を主導した松平定信は、諸外国が接近する事態を、対外的な危機であると認識していました。そのため『海国兵談』を著して国防強化の必要性を説いた林子平《はやししへい》を「いたずらに人心を惑わすもの」として処罰する一方で、定信自身が相模の沿岸と伊豆半島を巡検して、江戸湾の防備策を探っていました。

先に述べたラクスマンが根室に来航したのは、林子平が処罰された五ヵ月後のことでした。ラクスマンは、漂流民大黒屋光太夫《だいこくやこうだゆう》らを送還するとともに、通商を要求します。

これに対して幕府は、漂流民は受け取りましたが、国法書を渡して「日本にはすでに定められた国以外とあらたな関係をもつことを禁止する国法がある」として、通商を拒否しました。ただし、外交交渉の場である長崎に行くようにと指示し、入港許可証として信牌《しんぱい》を与えています。幕府は内々では、ロシア船が長崎にやってきた場合には、通商を許可するという方針をたてていたのです。そのためラクスマンには、長崎へ行けば通商が認められる可能性があるとほのめかしていました。

しかし、一八〇四年にレザノフが、その信牌を携えて長崎に来航したときには、松平定信はすでに失脚していました。幕府はロシア皇帝の親書をもった正式な使節であったレザノフを極めて冷淡に扱い、追い返します。これをきっかけに、ロシア軍艦が樺太・択捉を襲う事件がおこり、幕府は東北諸大名を動員して対抗するなど、以後十年近くロシアと紛争状態に陥ります。

実際には「すでに定められた国以外とあらたな関係をもつことを禁止する法」など、幕府から出されたことは一度もありませんでした。ただ、ポルトガルを追放してから百五十年間、中国・オランダ・朝鮮・琉球の四ヵ国以外との関係がなかったという事実があっただけです。

しかし、ラクスマン、レザノフとの交渉と、その後のロシアとの紛争を通して、ラクスマンに対して、その場をしのぐ方便ですらあったものが、「鎖国は祖法であった」という観念として確立されていきました。そして、このことが、幕末の攘夷論に大きな影響を与えることになるのです。

北方での緊張に加えて、一八〇八年にイギリス軍艦が長崎に侵入して、乱暴狼藉の限りをつくしたフェートン号事件が起こり、その後もイギリス船・アメリカ船が日本近海に出没したため、幕府は、一八二五年、異国船打払令を出して外国船を撃退するよう命じました。

これは武力によって外国船の来航を阻止する策で、外国と紛争になりかねない危険なものでもありました。

この危険は、一八三七年に漂流民送還のために来航したアメリカ商船を、浦賀奉行所が砲撃するモリソン号事件で現実のものとなります。幕府は、この事件を批判した渡辺崋山らの蘭学者を処罰しました（蛮社の獄）。しかし、そんな幕府のもとに、アヘン戦争で中国がイギリスに敗北したという、衝撃的な情報がもたらされたのです。

†アヘン戦争が与えた影響

アヘン戦争のことを聞いた水野忠邦は、これを「他山の石」として対外政策の教訓にすることを表明するなど、いち早く対応策を論じました。長崎町年寄で砲術家の高島秋帆《たかしましゅうはん》の建議をいれて、西洋砲術の演習をおこなわせ、軍事力強化の道を開きます。

また、イギリスはアヘン戦争終結後、日本に軍艦を遣わすことを計画しているという情報をオランダから得て、異国船打払令を撤回し、いわゆる薪水給与令を出して、漂着した外国船に燃料・食糧を与えることにしました。

さらに、水野は江戸・大坂周辺のあわせて約五十万石の私領を直轄地にしようとする上知令を発します。その目的について教科書には、「財政の安定や対外防備の強化をはかろうとした」（『詳説日本史B』山川出版社、二百四十頁）と記されています。年貢収入が多く豊かだった江戸・大坂周辺を直轄にすることで財政収入を増やそうとしたことは、受験生にもよく理解されていますが、見落としてはならないのは、〝対外防備の強化をはかろうとした〟の部分です。この上知令は国防とも関係があったのです。

江戸・大坂周辺は、幕領・旗本領・大名領などの領地が入り組み、それが大きな原因となって治安上に不安がありました。そのため大御所時代とよばれる十一代将軍家斉の親政時代には、関東取締出役（八州廻り）を新設（一八〇五年）して、公領私領の区別なく犯罪者の取り締まりができるようにしました。

そんな状態の江戸や大坂の近海に、外国船が侵入したり、あるいは攻撃してきたら、一帯は大混乱となり統制が利《き》かなくなるに違いありません。また海岸防備のために百姓から人足を動員しようとしても、領地が入り組んでいると円滑におこなえません。そのため政治的・経済的に重要な地域の支配を一元化しようとしたのです。

あわせて水野は、外国船が江戸湾に入る廻船を妨害し、江戸に物資が入らなくなる事態に対処するために、太平洋から銚子に入り、利根川をさかのぼって印旛沼に至り、新規に造営する掘割を通って江戸湾に出て品川に達するという構想をたて、その掘割を造る工事（印旛沼掘割工事）に取り組みました。

しかし、上知令は諸大名・旗本ばかりか、老中までが反対して、実施には至らず、水野は失脚します。そのため掘割工事も中止されました。

このように、天保の改革は大名・旗本、百姓・町人らの抵抗が強く、何をやってもうまくいかなかったという印象がありますが、対外的な危機のなか、なんとかしようとした取組であったことは、わかってあげたい気もします。

†株仲間解散令のねらいと結果

そのような水野忠邦の〝うまくいかなかった〟政策として、株仲間の解散令もあげておきましょう。

松平定信が、十一代将軍徳川家斉との対立もあって辞任した後、家斉による親政がおこなわれました。家斉の治世下の前半は、寛政の改革の質素倹約が受け継がれましたが、文政年間に入ると積極財政に転換します。この財源は金銀の含有量を減らした貨幣に改鋳することで得られる差益（出目《でめ》）しかありませんでしたが、幕府の財政支出の拡大によって経済活動は活発となり、都市を中心にして華やかな消費生活が生まれ、農村部へも波及していきました。しかし、物価の高騰は、幕府や藩のみならず、庶民の暮らしも困難にします。

物価高騰の理由の一つが贅沢であると判断した幕府は、武士のみならず町人・百姓も含めた厳しい倹約令を発しました。衣食住の隅々にわたり強制的かつ徹底的に取り締まったのです。水野忠邦は「たとえ江戸が不景気となって衰微し、町人たちが一家離散するようになっても構わない」と広言したといわれます。

しかし贅沢を取り締まっただけで物価が下がるはずはありません。そこで取り組まれた市場・流通構造の改革が、株仲間の解散でした。

水野忠邦は、物価の高騰は、大坂から江戸へ送られてくる商品の荷受けをおこなっている十組問屋などの株仲間商人が、流通を独占して不正に価格を操作することに原因があると考えたのです。特権商人の独占を解体することで、流通と取引の活性化と、自由競争による物価の下落をねらい、すべての仲間と組合を解散させ、問屋という名称を使用することも禁じました。

しかし、市場・流通機構は、すでに大きく変化していたのです。諸藩の殖産興業と専売政策は、宝暦期や寛政期前後に比べて、量的にも規模の面でも拡大しており、藩政改革を進める諸藩は、専売制によって集荷した商品を、株仲間商人を経ずに流通させ、江戸などで「諸家国産」とよばれる商品として販売していました。また、廻船の発達を利用して、産地で直接買い付け、各地で売却する商人も活躍するようになっていたのです。そのため株仲間たちの支配力は、すでに大きく低下していました。

すでに力が低下していた株仲間を解散させても物価の下落が実現するはずはなく、株仲間の解散は、かえって流通機構を混乱させ、物価を上昇させることになってしまいます。

†雄藩の藩政改革

この市場・流通機構の変化を、藩政改革に利用した代表例が薩摩藩と長州藩です。両藩とも、下級武士から人材を登用し、多額の借金を事実上棚上げしたことだけでなく、ここでも共通しているのです。

薩摩藩は、幕府が独占していた輸出用の俵物を、長崎に向かう途中の船から密かに買い上げて、琉球を通じて清国に売り、唐物を国内で売る密貿易をおこないました。また、薩摩藩に出入りする富山の薬商人を利用して、北前船で運ばれる蝦夷地の昆布を入手し、これも琉球経由で清に輸出していたようです。

長州藩は、下関に「他国の廻船がもたらす物産」という意味の越荷《こしに》を管理する越荷方《こしにかた》という役所を設けて、廻船相手の金融業をおこないました。廻船の荷物を抵当として資金を貸し付けたり、あるいはその越荷の委託販売をおこなって、利益をあげたのです。

いずれも藩みずからが商業活動を活発におこなっており、それとともに軍事力の増強に努め、藩権力の強化をはかりました。こうして彼らは、幕末の政局に強い発言力と実力をもつ雄藩として登場することになったのです。

†化政文化

最後にこの時代の文化についてみておきましょう。次頁の図は、江戸の版元（出版社）として有名な蔦屋《つたや》の店舗の情景を描いた葛飾北斎の作品です。蔦屋は耕書堂とも号しました。武士などの客が店先をのぞき、店内では店員が忙しげに書物を製本中です。

蔦屋の創立者である蔦屋重三郎は、田沼時代に活躍した稀代のプロデューサーでした。山東京伝らの洒落本や黄表紙などの出版を手がけ、喜多川歌麿や東洲斎写楽などの作品を世に送り出しました。

しかし、松平定信による寛政の改革が始まると、風紀取締りが厳しくなります。京伝の洒落本『仕懸文庫《しかけぶんこ》』や黄表紙作家の恋川春町《こいかわはるまち》なども摘発を受けました。恋川春町は、駿河国小島藩に仕え、藩の要職にある武士でもあり、文章に自ら挿絵を描き、さらに現在漫画で使われている「ふきだし」のような技法を用いるなど、まさに黄表紙というジャンルの開拓者でした。松平定信からの出頭命令に病気を理由に応じず、その直後に死亡しますが、これは藩への影響を考慮しての自殺だったのではないかと考えられています。

このような弾圧のなか、蔦屋重三郎も処分を受け、財産の半分を没収されました。それでも、耕書堂はその後も店を閉じることはなく、明治初期まで続きました。

松平定信が退陣し、家斉の親政がおこなわれると、宝暦・天明期に多様に発展し始めた文化が、息を吹き返します。そして、江戸を中心として下層の民衆をも基盤とする町人文化が花開きました。それが化政文化です。

蔦屋を描いた錦絵を細かく見ると「東都名所一覧」という看板が掛かっているのがわかりますか？　これは、今でいう「東京ガイドブック」です。また、歌川広重の錦絵「名所江戸百景」はベストセラーになりました。左下の図は、そのなかの一枚「駿河町」です。富士山が見えることからつけられた町名で、江戸一番の繁華街であり、「現金掛け値なし」で有名な越後屋も描かれています。

蔦屋
出典：国立国会図書館デジタルコレクション

駿河町（「名所江戸百景」）
出典：国立国会図書館デジタルコレクション

ガイドブックが売られているように、化政文化の時代には、湯治や伊勢参りなどを口実に、庶民の旅が広くおこなわれました。版画である錦絵は、安くて大量に作られ、庶民も手軽に購入することができたため、歌川広重や葛飾北斎が描く風景画は、さぞ人びとの旅への憧れを高めたことでしょう。

この旅行ブームは十返舎一九の滑稽本『東海道中膝栗毛』からもうかがえます。この物語は、一八〇二年の出版と同時に大ヒットとなり、翌年から毎年、続編が出版され、最終的には正・続編合わせて全四十三冊まで続きました。途中で序文に「もうネタがないのに、本屋が止めさせてくれない」と愚痴をこぼすところなど、現代の売れっ子の漫画家のようですね。

また、曲亭馬琴の『南総里見八犬伝』のように今でも映画の題材になる作品や、為永《ためなが》春水《しゅんすい》が描くラブロマンス（人情本）『春色梅児誉美《しゅんしょくうめごよみ》』などのヒット作が次々と生まれた背景には、民衆の識字率の向上と、江戸に八百軒もあったとされる貸本屋の存在がありました。

歌舞伎は、回り舞台などの演出装置に工夫が加えられ、お岩さんで有名な鶴屋南北の『東海道四谷怪談』に代表される写実性の高い怪談物や、町人社会に題材をとった生世話《きぜわ》物《もの》が観客を集めました。しかし、寛政期には本当に千両の給金をとる千両役者が現れるほど経費がかさんだため、見物料が高騰し、庶民には手が届かないものになってしまいます。その代わりに人気を得たのが寄席でした。寄席は夜間興行もあり、落語・講談・物まね・娘浄瑠璃などバラエティーに富んでおり、奉公人や日雇いの人でも利用できる安い料金で楽しめたので、まさに庶民の娯楽の場となり、江戸には二百十一軒もの寄席ができました。

しかし、これらも天保の改革では厳しい取り締まりの対象となります。歌舞伎が浅草のはずれに移転させられただけではなく、寄席の数も十五軒に減らされ、人情本作家の為永春水らも処罰されてしまうのです。

いつの時代でも、人はそれなりに一所懸命に生きています。しかし常に気を張り詰めて生活できるはずもありません。それは豊かであろうが、貧しかろうが同じです。

下層の庶民のささやかな楽しみまで弾圧した水野忠邦には、そのことがわかっていなかった。それも天保の改革が失敗した大きな要因だと思います。

十一時間目▼明治十四年の政変と条約改正　明治時代

——議会が不要だなんて、誰も思っていなかった

†日本は君民共治の国たるべし

一八七八（明治十一）年五月十四日、大久保利通が暗殺されました。享年四十七歳。

暗殺者たちは「憲法も議会も開設せず、公金を私財の肥やしにした」と非難しましたが、大久保は必要な公共事業に私財を投じたり、郷里の鹿児島に学校の費用を寄付したりしており、実際には莫大な借金がありました。彼は、岩倉使節団の一員として欧米諸国をめぐって帰国した一八七三年、次のような内容の意見書を提出しています。

> 政体には、君主政治、民主政治、君民共治（後にいう立憲君主制）の三種類がある。

民主の政は、天下を一人で私せず、広く国家全体の利益をはかり、人民の自由を実現し、法律や政治の本旨を失わず、首長がその任務に違わぬようにさせる政体であって、実に天の理法が示す本来あるべき姿を完備したものである。アメリカ合衆国はじめ、多くはあらたに創立された国、新しく移住した人民によっておこなわれている。しかし、わが国の国民は、長い間の封建圧制に慣れてしまっているので、今、民主政体を適用することはできない。

君主の政は、蒙昧無知の民があって、命令や約束によって治められないとき、ぬきんでた才力をもつ者が、その威力・権勢に任せ、人民の自由を束縛し、その人権を抑圧して、これを支配する政体で、一時的には適切な場合もある。ただし、世界との交流のなかで西洋化の開化が進行すれば、これに固守してはならない。

イギリスは土地・人口の規模が日本とほぼ同じであるが、その国威は海外に振い、隆盛をきわめている。それは三千二百万余の人民がおのおの自身の権利を実現するために国の自由独立をはかり、君長もまた人民の才力を十分にのばす良政を施してきたからである。(要約)

そして、日本では、独自の憲法を制定しての君民共治(立憲君主制)がふさわしいと主張しました。これは板垣退助たちが「民撰議院設立建白書」を出す二ヵ月も前のことです。当時、国内では征韓論をめぐって政府が分裂し、士族による政府批判や近代政策に反対する一揆がおこっていました。対外的には不平等条約の改正交渉に失敗するなど、問題が山積していました。

教科書は、大久保利通暗殺後の政府の混乱を次のように記しています。

一八七八（明治十一）年に政府の最高実力者であった大久保利通内務卿が暗殺されてから強力な指導者を欠いていた政府は、このような自由民権運動の高まりを前にして内紛を生じ、大隈重信はイギリス流の議院内閣制の早期導入を主張し、右大臣岩倉《いわくら》具視《ともみ》や伊藤博文と激しく対立した。たまたま、これと同時におこった開拓使官有物払下げ事件で、世論の政府攻撃が激しくなった。一八八一（明治十四）年十月、政府は、大隈をこの世論の動きと関係ありとみて罷免し、欽定憲法制定の基本方針を決定し、国会開設の勅諭を出して、一八九〇年に国会を開設すると公約した。

（『詳説日本史B』山川出版社、二百七十七頁）

これは、「明治十四年の政変」とよばれる出来事で、これを読む限りでは、伊藤博文は議会開設には反対であり、開拓使官有物払下げ事件で高まった政府批判の世論を受けて、仕方なく憲法制定と国会の開設を認めたようにも受けとれます。

しかし、大久保や伊藤たち明治政府の要人のうち、議会が不要だと考えていた者は一人もいませんでした。なぜなら、議会開設は外国との不平等条約改正のためにも不可欠なものだったからです。

十一時間目は、この背景を探るべく、立憲政体の樹立と条約改正の歩みを中心に学んでいきたいと思います。

†民権運動の高まりと政府の対応

一　広ク会議ヲ興シ万機公論ニ決スベシ

これは、一八六八年一月に出された「五箇条の誓文」の第一条です。小学校の教科書（『新編新しい社会6　上』東京書籍）では、「政治のことは、会議を開き、みんなの意見を聞いて決めよう」と訳されています。天皇親政のもとでの「公議世論の尊重」は、「開国和親」と並ぶ明治政府の基本方針でした。

ただし、会議の参加者に庶民は含まれておらず、想定されていたのは諸藩の代表者でした。その点については、征韓論争に敗れて下野し、「民撰議院設立建白書」を提出した板垣たちも同じ認識でした。

板垣たちは「士族及び豪家の農商は維新に功績があったにもかかわらず、その多くが政権への参加を認められていない」ことを理由に、さしあたって彼らに選挙権を与えるべきだと主張しました。彼らの明治政府への不満とエネルギーを活用しようという政治的目論見もあったのでしょう。

建白がイギリス人ブラックの経営する新聞『日新真事誌《にっしんしんじし》』に掲載されると、大きな反響を呼び起こし、活発な議論が繰り広げられました。ただ、建白を出した側も批判する側も、民撰議院設立の必要性を認めていた点は同じで、さらには、現状においては国内の開化が大きく遅れており、政府には人民の進歩・開明化を推進し、指導する使命があるという主張も共通していました。

細かいことを除けば、相違点は即時設立か漸進的設立（時期尚早）か、つまりは「いつ開くか」だけだったのです。これは後に説明する伊藤と大隈の対立についてもいえることでした。

それでも民撰議院設立建白書は、新聞という公開の場に発表されたことによって、政府内部だけで検討されていた議会制度の設立という問題を、国民の間に広めたという点に、歴史的に大きな意義があったことは間違いありません。

ここから始まった自由民権運動は、大久保が暗殺された一八七八年ごろから、士族のほかに豪農や商工業者なども加わり、拡大していきました。一八八〇(明治十三)年には、国会期成同盟が結成され、民権運動は急激な盛り上がりをみせます。

これに対して政府は、集会条例を定めて運動を抑制する一方で、参議たちに憲法制定と国会開設に関する、各自の意見を提出させることにしました。

提出された意見書のなかで、国会開設に最も消極的であったのが黒田清隆。反対に、より積極的だったのが伊藤博文と井上馨《いのうえかおる》でした。伊藤は、岩倉使節団の一員として欧米諸国を訪問中に、すでに条約改正のためにも立憲体制の導入が必要だと考えていました。

岩倉使節団の当初の目的の一つは、条約改正のための予備交渉でした。しかし、最初の訪問国であったアメリカで、日本の現状では列国に交渉に応じてもらうことは難しいと痛感させられます。実際、イギリスでは条約改正に応じられない理由として日本の法制度の不備をあげられ、日本にヨーロッパ諸国と同等の法制度が整い、公平な裁判が可能になれば、イギリスも考えを変えるだろうと言われていたのです。

しかし、伊藤博文は一八八〇(明治十三)年に上奏した意見書では、条約改正との関係には触れず、国会を起こして君民共治の体制を成就することは大いに望むところであるとしながらも、その基礎固めとして次の三点を提案しました。

一　華士族と国家の勲功者・学識者から議員を選び、法律案はすべて彼らの会議を経る
二　すでに開かれている府県会の議員のなかから公選で会計検査に当たらせる者を選び、財政を公議する道を開く
三　天皇の聖裁をもって漸進主義を表明し、国民に国会開設に向けての誠意を知らせる

一方、筆頭参議であった大隈重信は、一八八〇年の末までに意見書を提出しませんでした。それでも、政府内の開明派の中心として、伊藤・井上と歩調を合わせているように見えました。実際、一八八〇年末から翌年一月にかけて、井上馨は大隈と親しい福沢諭吉に対して、政府に国会開設の決意があることを明らかにして、政府機関紙の発行を引き受けてくれるよう強く要請し、福沢もこれを了承します。

さらに一八八一年一月には、三人は熱海で会合を設け、国会開設にもっとも消極的な薩摩閥の代表である黒田清隆をよんで説得にあたり、政府内の意見統一をはかります。

†伊藤と大隈の対立

一八八一年三月、大隈重信はようやく左大臣有栖川宮熾仁《ありすがわのみやたるひと》親王に意見書を提出しました。その要点は、

一　イギリス流の議院内閣制を採用し、議会（下院）の信任によって内閣が進退すべき
二　内閣の更迭に際して行政事務の連続性を保つため、官吏を政党官と永久官に分ける
三　明治十四年末か十五年初めに欽定憲法を公布し、十六年初めに国会を早期開設する

という急進的なものでした。

さらにこの意見書は、天皇に奏上する前に他の大臣や参議に示すことのないように有栖川宮に申し入れた、いわゆる「密奏」という形をとるものでした。ところが、有栖川宮は、その内容の重要さに驚き、これを太政大臣三条実美《さねとみ》、右大臣岩倉具視に内示します。岩倉は、大隈の意見が他の参議たちに比べてあまりに急進的であったことを憂慮して、大隈に直接会ってその意向をただします。大隈の返答は「伊藤の論と大異なし」でしたが、実際には大きく異なっていたことは見てのとおりです。

大隈の意見書の内容を知った伊藤は憤慨し、参議辞意を表明して、強い反対の意思を示しました。ただし、伊藤と大隈は、連絡を取り合っていた仲なので、互いの意見の違いはある程度予想できていたはずです。伊藤は内容に憤慨したというより、「密奏」という形に衝撃を受けたのでしょう。伊藤自身は、自分の建議について事前に大隈に見せて、同意を取り付けていたことも、強く反発した一因だと思われます。

この衝突は、二人を失いたくなかった岩倉が仲を取り持とうとしたこと、伊藤の憤激を岩倉から聞かされた大隈が、あわてて伊藤を訪問して弁明に努めたことで、とりあえずは収まりました。大隈の弁明に対して伊藤は「大久保が暗殺された時、協力していこうと誓い合ったのに、こんな重大な建白について一言の相談もなかった」ことを激しく非難しました。

しかし、伊藤の大反発の一番の理由は、大隈が政党内閣論によって民権派の支持を得て、自分たちを出し抜いて立憲政体樹立の主導権を握ろうとしたのではないかという疑念だったと考えられます。それは伊藤の政府内での地位の低下を意味するものであり、この衝突には、政府内部における勢力争いが反映されていた点は否めません。

翌日、伊藤は改めて建白の内容にも不同意であることを告げて、大隈の行動を軽率だと非難したといわれています。

†明治十四年の政変

さらに政府に混乱をもたらした開拓使官有物払下げ事件について、教科書には

> 北海道の開拓使所属の官有物を払い下げるに当たり、旧薩摩藩出身の開拓長官黒田清隆は、同藩出身の政商五代友厚《ごだいともあつ》らが関係する関西貿易社に不当に安い価格で払い下げようとして問題化した。明治十四年の政変で、払下げは中止された。
>
> （『詳説日本史B』山川出版社、二百七十七頁）

と説明されています。具体的には、事業が赤字であったことを理由に、約千四百万円の費用を投じた施設等を約三十九万円、三十年賦無利息で払い下げるというものでした。一八八一（明治十四）年七月下旬に、参議兼開拓長官であった黒田清隆が主導して、払い下げの方針を決めた前後から政治問題化していきます。

政府内部では、左大臣有栖川宮と大隈重信が反対し、民間では『東京横浜毎日新聞』が社説でこの問題を報道したのを皮切りに、各新聞がいっせいに払い下げの事情に疑問を投げかける記事をかかげ、東京をはじめ各地で藩閥と政商の結びつきを攻撃する演説会が開

かれました。

この問題への世論の反発は、五代友厚をディーン・フジオカさんが演じられたNHK連続テレビ小説『あさが来た』(二〇一五年)でも描かれていたので、御存じの方もいるでしょう。

藩閥政府を非難する中心となったのは、福沢諭吉にゆかりのある三田派(交詢社《こうじゅんしゃ》)の人たちなどでした。このことから「大隈が福沢を参謀として、払い下げ反対で世の人気を集め、関係の深い岩崎(三菱)を資金源として、民権派と結びついて〝薩長政府〟の打倒を策している」とする「大隈陰謀説」が形成されるようになり、新聞などは大隈を藩閥政府に立ち向かうヒーローのように描きました。これは大隈側にしてみれば、まったくいわれのないものでしたが、政府にとっては、大隈という政府の重要人物が反政府運動に関与しているという噂は、放置できない問題となったのです。この状況に対して、後に大隈は「これがいわゆる贔屓《ひいき》の引き倒しで迷惑千万なのは我輩一人……我輩はとうとう謀叛人になってしまった」(『大隈侯昔日譚』)と述べています。

ついには、一八八一年十月、政府は黒田を説得して開拓使官有物払下げを中止とするとともに、大隈重信を罷免し、続けて前島密・矢野文雄・犬養毅・尾崎行雄など、大隈系と目された官僚たちを免官としました(このうちの多くが、翌年結成された立憲改進党の創立に参画することになりました)。

なお、「大隈陰謀説」の論拠として、大隈重信の意見書を福沢諭吉が執筆したのではないかとの憶測が広まりましたが、実際に書いたのは矢野文雄です。矢野は慶應義塾出身で福沢の推薦によって官吏となり、大隈のもとにいました。彼は大隈罷免にあわせて免官となりますが、その二年後に矢野龍溪の号で書いた政治小説『経国美談』は、演劇や講談にもされる大ヒット作となりました。彼の作品のなかには、所属した立憲改進党の理想も盛り込まれています。

†明治十四年の政変の歴史的意義

次頁の図は明治十四年の政変の風刺画です。黒ダコ(黒田侯)と熊(大隈)が相撲をとっているのを大勢の犬が見物しています。犬の首輪には「民」の文字があり「民犬《みんけん》」と洒落ています。左後ろに書かれているのは熊の言葉です。「なんぼ手が沢山揃《そろ》っているとて、ソウ容易《たやす》く投げ出されてたまるものか。イヤ待てョ、力負けして、今度ハ自分で土俵の外へ出てしまったワイ」と、結局は大隈が政府から出されてしまったことまで記されています。

明治十四年の政変で、肥前(佐賀)出身でありながら筆頭参議を勤めていた大隈重信が

明治14年の政変

去ることによって、薩長両派の優位がより濃厚となりました。そして大隈が提案したイギリス流の議会政治論は斥けられ、岩倉の提起したプロシア流君権主義の欽定憲法を制定し、それにそって議会を開設する方針が、民権派との競合のなかで確立されました。

　それに加えて、大きな意味をもたらしたとぼくが考えるのは、事件の結果、憲法制定という大事業を担うことによって、伊藤博文がその後の政局の主役の座を射止めた点です。その意義は、枢密院における憲法草案の審議の際、最も発揮されました。

　伊藤は会議冒頭の演説では、君権主義の建前を強調していましたが、いざ審議に入ると、立憲政治の本質が「君権の制限と民権の保護」にあることを、再三にわたって力説しています。例えば第四条案の「天皇ハ国ノ元首ニシテ統治権ヲ総攬シ此ノ憲法ノ条規ニ依リ之ヲ施行ス」の審議では、「国ノ元首ニシテ」と「此ノ憲法ノ条規ニ依リ之ヲ施行ス」を削除すべきだとする一部の顧問官や閣僚の意見に対して、「立憲政治は君主権の制限に意義があり、天皇は国の元首であるからこそ統治権を総攬するものであって、その統治権はあくまで憲法の範囲内で行使されなければならない」と反論し、天皇の統治権が憲法の規定を超えることを拒否しています。

伊藤の主張は、一九三〇年代、軍部が台頭するなかで、国体に反する学説として激しい非難にさらされた美濃部達吉の「天皇機関説」と同じだったのです。この意見が通り、第四条案は文末の「施行ス」を「行フ」とする字句の修正だけで採決されました。

また、「宰相は一方に向いては君主に対し政治の責任を有し、他の一方に向いては議会に対して同じく責任を有する」と、政府の議会に対する責任をはっきりと認めています。

伊藤のこの姿勢が、立憲国家として出発する日本の基本理念となったのです。

国会の伊藤博文像

議会政治の基礎をつくった功労者として、板垣退助、大隈重信、伊藤博文の銅像が、一九三八（昭和十三）年に大日本帝国憲法発布五十年を記念してつくられ、国会議事堂の中央広間に置かれています。

明治初期のジャーナリスト福地源一郎は、大久保利通のことを「渾身これ政治家」と評しました。そして続けて「政治家としては最上の冷血たるに似ず、個人としては懇切なる温血に富んでおられた」と、実は優しい人物

年代	担当者	改正案の内容	経過・結果
1872	岩倉具視	改正の予備交渉	米欧巡回。米で改正交渉に入るが、中途で断念
1876～78	寺島宗則	税権回復	米同意、英・独などの反対で無効に
1882～87	井上馨	法権の回復、税権の一部回復 外国人判事任用・内地雑居	欧化政策（鹿鳴館時代）。改正予備会議 国内の反発、ノルマントン号事件。交渉中止
1888～89	大隈重信	外国人判事を大審院に限る	国別交渉。政府内外の反発。大隈が襲撃され挫折
1891	青木周蔵	法権の回復、税権の一部回復	英同意。大津事件で引責辞任、挫折
1894	陸奥宗光	法権の回復、税権の一部回復	日英通商航海条約締結→法権回復。 関税率引き上げ
1899	青木周蔵		改正条約を実施（有効期限12年→1911年に満期）
1911	小村寿太郎	税権回復	改正条約満期にともなう新条約締結で、税権回復

条約改正への歩み

であったと紹介しています。

その大久保利通に育てられた伊藤博文は、大久保のような絶対的なリーダーではありませんでした。しかし、世界情勢への豊富な認識と国際的感覚を持ち、柔軟で明敏な判断力を備えた開明的政治家でした。彼の事績のすべてを肯定するわけではありませんが、大久保亡き後、近代国家建設の基本路線を進める新しいリーダーとして、伊藤は適任であったとぼくは思います。

†条約改正は、なぜ「法権回復」が先だったのか

上の表は、対外的な条約改正への歩みをまとめたものです。よく知られているように、幕末に結んだ不平等条約の改正には二つの側面がありました。領事裁判権の撤廃（法権の回復）と関税自主権の回復（税権の回復）です。

先に回復した法権が注目されることが多いのですが、当初明治政府は、法権より税権回復の方が論理的に容易だと判断しており、欧米の求める内地雑居（日本国内で自由に活動できる権利）を認めるかわりに、領事裁判権で欧米の譲歩を引き出し、関税自主権の回復を実現しようという方針をとっていました。

条約改正に最も消極的だった国は、イギリスでした。その最大の理由は、日本との条約改正に応じれば、それが不平等条約を締結している他のアジア諸国に波及して、利権が脅かされることを恐れたためでした。そのためイギリス公使パークスは「駐日外交団がイギリスを中心に協調して不平等条約の維持をはかるシステム」を構築していました。ところが、その協調体制を揺るがす事態が起こったのです。「関税自主権は独立国家として日本の当然有すべきもの」と主張する外務卿寺島宗則のもと、駐米公使がアメリカ本国でおこなった交渉において、アメリカが列国の承認を条件としつつも、関税自主権を日本に認めることに合意したのでした。

いくら駐日外交団が団結して改正を拒否しても、個別交渉で本国が合意してしまえば意味がありません。追い詰められたイギリスが、自由貿易を論拠に拒否の姿勢を明確にしたため、交渉は挫折し、これ以降、条約改正交渉の主眼は、領事裁判権の撤廃に移りました。

†井上馨の改正交渉

寺島宗則の次に改正交渉に臨んだ井上馨は、鹿鳴館外交ともよばれた極端な欧化主義が風刺画にもなり、またノルマントン号事件で世論の大反発を受けるため、生徒から軽んじられる傾向にあります。それでも、井上による交渉のなかで、立憲国家体制の確立が、いかに条約改正のために不可欠であるかが明らかになった点は重要です。

彼の交渉方針は、財政基盤の強化を理由に税率の引き上げをはかるとともに、法権の回復を求めるというものでした。しかし、イギリスが岩倉使節団に伝えたように、日本の法制度の未整備を盾に取られている以上、法権回復には司法制度・法整備の面での妥協が求められました。また、本国での個別交渉を危惧するイギリスのパークスの術中にはまり、交渉は国際会議方式でおこなわれ、会議は東京で開かれることになりました。

井上は、予備会議で、先述のとおり明治初年以来の方針である領事裁判権を撤廃する代わりに内地雑居を認めるという案を列国に示し、各国の意向を打診しました。列国はイギリスの提案待ちの姿勢をとり、そのイギリスはパークスの意見を尊重して、領事裁判権撤廃については見送る方針を堅持することにしました。

しかしこの間に、日本はドイツなどとの交渉を進め、好意的な態度を引き出すことに成功します。特にこの時期、ドイツは日本に好意的で、改正交渉において譲歩の姿勢を示しただけではなく、イギリスを説得するべく動き、列国をリードしました。その結果、会議において領事裁判権の撤廃に原則賛成しないのは、英仏だけになりました。こうなると、イギリスも裁判権問題を回避することはできなくなってしまいます。

一八八六年の改正会議で、日本の了解のもと提出された英独案は「西洋の主義に従い法典を編纂する」「外国人に裁判権を執行する裁判所は、外国人判事が多数を占める。公用語は日本語と英語とする」という内容を含むものでした。交渉はやや難航しましたが、一八八七年四月、日本側が示していた新条約案と英独案に修正を施した井上案が、列国との間で合意されました。

しかし、合意した案には「編成した法典は外国政府の検閲を受け承認を得ること」とあり、さらに外国人判事を容認した裁判制度は、当時イギリスの植民地であったエジプトで採用されていたことから、民間のみならず政府内部からも激しい反対が起こりました。

最も強く反対したのは、司法省のフランス人法律顧問であったボアソナードでした。彼は「旧条約の害は一部の区域に及ぶに過ぎないが、新条約は不利益を全国に及ぼす」とし、特に法律案が外国政府の検閲・承認を受けることについて「日本の立法権が外国の制約を受け、左右される事態を招きかねない」と主張しました。

井上は、将来のために今はこれを忍ばなければならないと訴え、修正案を作成しましたが、結局、日本が憲法など備えるべきすべての法典を完成させれば、法典編纂について各国の検閲を受ける必要はなくなるとして、会議を法典が整備されるまで無期限延期したい旨を列国に通告し、外務大臣を辞任しました。

†大隈重信の改正交渉

一八八五年の内閣制度の発足とともに、初代首相に伊藤博文が任命されます。伊藤は、井上馨の外相辞任後、政敵ではありながら外交手腕を高く評価していた大隈重信を外相に指名します。こうして大隈は政府に復帰し、伊藤が憲法草案審議のために枢密院議長に転じた後も、外相として留任しました。ちなみに、第二代首相は黒田清隆です。このあたりに明治政府の懐の深さを感じます。

大隈の交渉内容は、法権・税権の一部回復のため、「法典の編纂を保証する」「外国人を被告人とする裁判事件においては大審院（現在の最高裁判所に相当）へ外国人判事を任用する」というもので、程度こそ違え、井上案と基本的には同じでした。ただ、列強の協調行動を打破するため、各国との個別交渉に方針を転換しました。井上時代に好意を示してくれたドイツを最初の交渉相手に選び、これが功を奏して列強の歩調を乱すことに成功します。そして、大日本帝国憲法発布の九日後の一八八九年二月二十日に、まずアメリカとの間で改正条約の調印に成功しました。さらに続いて六月にドイツと、八月にはロシアとも調印しました。

しかし、アメリカ・ドイツとの調印を受けて、新条約の内容が公開されると、国内から強い反発を受けました。特に法典整備については、来たるべき国会の立法権を制約するとして強く非難されました。実は、このことは大隈もよくわかっていました。憲法は、一八九〇年十一月二十九日の国会開設と同時に施行されることになっていました。国会が開かれ、憲法が施行された後は、立法に国会が関与することになり、列強に約束した「法典の編纂の保証」が難しくなります。だからこそ大隈は、それ以前に新条約を実施する予定だったのです。

また外国人判事の任用についても、駐米公使であった陸奥宗光から「裁判官は法律に定めたる資格を具《そな》ふる者を以て之に任ず」(憲法第五十八条)等の憲法の条文に抵触する恐れがあるとの指摘がなされるなど、政府内部からも反対の意見が出されました。

世論の反発は八・九月にはピークに達し、一八八九年十月十八日、大隈は爆弾テロに遭遇して右脚を失う重傷を負います。この事件をうけて黒田内閣は総辞職し、改正交渉はまたも中断してしまいます。

†青木周蔵の改正交渉

列強に妥協的であった大隈の条約改正交渉が国内の反発によって延期され、国会開設前の条約改正が困難になったことで、列国との完全対等への志向は一層強まりました。

ぼくが皮肉だなと思うのは、大隈は、憲法が施行される前の新条約実施を急いだのに、その憲法の発布が、条約改正の流れを一気に進める要因となったことです。

発表された憲法の完成度の高さは否定のしようがなく、列国が、法整備・司法制度の不備を理由に条約改正に応じないという姿勢をとることは不可能となったのです。反対の根拠を失った欧米諸国は、協調歩調をとることもできなくなりました。

そういった背景のもと、黒田内閣総辞職後に成立した山県有朋内閣で外相となった青木周蔵は、「我が帝国もまた立憲制度を設けた今日となっては、間接にも議会の協賛を得がたい約案を提出することは、到底人びとを欺罔《きもう》するという譏《そし》りを免れることはできない」として、対等であることが必須の条件であると主張しました。

憲法発布後、姿勢を最も大きく転換させたのは、なんと、改正反対の最大勢力であったイギリスでした。ロシアのシベリア鉄道起工による東アジア進出を警戒して、日本に接近しようとして、日本の要求にほぼ沿った条約案を作成してきたのです。ここに条約改正は実現するかに見えました。

ところが、これに対しても閣議で異論が噴出したのです。青木がこれを「隴《ろう》を得て蜀《しょく》を望む」（人の望みや欲望には、際限がない）類の要求であると言ったように、イギリスが不同意を示さない限り、どんどん要求を付け加えるべきだという意見が出たのです。

これを受けて青木は更に交渉を続け、新条約批准後ただちに関税を賦課し、一八九七年には関税自主権の完全回復を認めるという承諾を、イギリスから取り付けることに成功しました。

しかし、その交渉のため、新条約の調印は遅れてしまいます。その間に、来日中のロシア皇太子が警備中の巡査によって襲撃される大津事件が起こってしまったのです。青木は引責辞任に追い込まれ、成功目前であった条約改正交渉は、またもや挫折しました。

それでも、陸奥宗光外相のもと、駐英公使となった青木周蔵は、難航する交渉を乗り越え、一八九四年七月十六日、ロンドンで領事裁判権撤廃、関税自主権の一部回復（重要品目について回復）、相互平等の最恵国待遇、内地雑居を内容とする日英通商航海条約の調印にこぎつけました。それは、日清戦争が開始される九日前でした。

お雇い外国人として医学を教えていたベルツは、このことを次のように日記に記しています。

信じられないほど一方的に日本にとって有利である（略）他の強国も、すぐあとに続くだろう

教科書には、小学校以来、条約改正に成功した外務大臣として陸奥宗光の名が大きく記されています。しかし、実際には、イギリス本国との交渉にあたった青木の功績が大きかったというべきでしょう。

†不平等条約体制とは何だったか

十九世紀後半において、欧米列強は中国・日本・朝鮮という国家主権を持つ東アジアの国に対して自由貿易を円滑に発展させるために、不平等条約体制を維持するシステムを協調して構築しました。このシステムは、どこか一国が抜け駆けして植民地化をはかることへの牽制にもなっていました。それだけに体制は強固なものであり、イギリス一国が反対するだけで交渉は進まず、結局日本は、条約改正実現に明治という時代のすべてをかけることになりました。

この不平等条約体制を崩壊させる契機となったのが日清戦争だったのです。

日清戦争後、欧米列強は中国に本格的に資本輸出をおこなうようになりました。列強は、安定して投資利権を確保するために勢力圏を設定し、独占的支配をはかるようになります。これがいわゆる「中国分割」です。列強の経済的利害は自由貿易から資本輸出へと転換し、不平等条約体制を維持する時代は終わりを告げました。

議会開設から日清戦争まで、日本では、政府と政党は激しく対立していました。しかし、戦争後、両者は歩み寄るようになります。理由はいくつかあるのですが、中国分割と三国干渉を目の当たりにして、植民地拡張にひた走る列強の厳しさを痛感したことも、その一つでした。

そして日露戦争、第一次世界大戦を経て、日本は、朝鮮、台湾、中国を重要な市場・原材料供給地、さらには資本投下の場と位置づけ、その維持と拡大をはかる大日本主義へと邁進していきます。

中国分割の風刺絵

†明治という時代を伝える作品

突然ですが、ぼくは、今、公立の中高一貫教育校に勤めています。かつて中学二年生の担任をしていた時、一人の生徒に次のように問われました。

「どうして国語の小説の問題に正解・不正解があるのですか？　書かれていることをどのように受け取っても、読む人の自由じゃないですか！」

その時、ぼくは次のように答えました。

「それは違う。作品には筆者の伝えたいことがある。それはきちんと読んで、正しく理解しなければならない。相手が言いたいことを本当に理解したうえで、それに対してどういう意見・感想を持つかは読む人の自由だ。だけど、伝えたいことが理解できていないのに、良いとか悪いとかいってもまったく意味がない。国語の読解力とは、相手が伝えたいことを正確に理解できているかどうかを問うものであって、それには正解・不正解があるのだ」

このことを最も生徒に訴えたい作品が、森鷗外の『舞姫』です。ぼくが高校生だったころから、ずっと教科書に掲載されている「石炭をばはや積み果てつ」で始まる物語です。正直言ってぼくは、森鷗外という人物が好きではありません。彼は、社会的にまずいことが起こると、自分の立場を美化した作品を書いて正当化しているようにも感じます。それでも、この『舞姫』は素晴らしい。それは、明治という時代になって近代的自我に目覚めた者の苦悩を、見事に表現しているからです。

よかったら、同じちくま新書の『やりなおし高校国語』（出口汪著）を読んでみてください。ぼくがなぜ『舞姫』を高く評価しているのかを、わかっていただけると思います。

『舞姫』が発表されてからちょうど二十年後の一九一〇（明治四十三）年、明治という時代が終わろうとしているころ、左の図にある、荻原守衛《おぎわらもりえ》の「女」はつくられました。その直後、守衛は三十歳で急死します。

この像には、守衛のかなわぬ恋の相手であった先輩の夫人の存在が、色濃く影を落としています。守衛にとっての普遍的な女性像だと解釈することができるとも言われています。あくまでも荻原守衛個人の思いが込められた作品なのですが、それでも、跪《ひざまず》き、両手は何かに捕らわれているかのようにしっかりと後ろで結ばれていながらも、顔を天に向けて立ち上がろうとしている女性の姿は、何となく明治時代の日本と重なるようで、ぼくは好きなのです。

女（荻原守衛作）

荻原守衛が残した石膏原型は重要文化財として、東京国立博物館に収められていますが、ブロンズ像に鋳造されたものは、東京国立近代美術館などでいつでも見ることができます。

十二時間目▼二大政党時代の光と影 大正・昭和時代前半

――政治は国民道徳の最高水準たるべし

†大正政変と立憲同志会の結成

次の史料は、ほとんどの教科書に掲載されているため、目にした方も多いでしょう。

> 彼等は常に口を開けば直ちに忠愛を唱へ、恰《あたか》も忠君愛国は自分の一手専売の如く唱へて居りますが、その為す所を見れば、常に玉座の蔭に隠れて政敵を狙撃するが如き挙動を執《と》つて居るのである（拍手おこる）。彼等は玉座を以て胸壁と為し、詔勅を以て弾丸に代へて政敵を倒さんとするものではないか。……又、その内閣総理大臣の位置に立つて、然る後政党の組織に着手するといふが如きも、彼の一輩が如何に我憲法を

軽く視《み》、其精神のある所を理解せないかの一斑が分かる。

一九一三（大正二）年二月五日、衆議院でおこなわれた立憲政友会の尾崎行雄による内閣弾劾演説の一部です。「彼」等と呼ばれて非難を受けているのは第三次内閣を組織していた桂太郎首相です。

日露戦争後の政界は、山県有朋の後継で、軍部や貴族院を含む藩閥官僚を率いる桂太郎と、公家出身ながら伊藤博文系の官僚として立憲政友会に参加し、第二代総裁となった西園寺公望とが交互に政権を担当したことから桂園《けいえん》時代とよばれています。この頃には、老齢となった山県や伊藤は政界の第一線を退き、非公式に天皇を補佐して首相を推薦する元老（天皇の最高顧問）として影響力を行使しました。

先の弾劾演説の発端となったのは、第二次西園寺内閣の時、首相が陸軍の要求を拒絶したことに始まります。当時、陸軍は、中国で起こった辛亥革命に対応するため、朝鮮半島に駐留する二個師団の増設を要求していました。しかし、首相が財政上の困難を理由にそれを認めなかったため、陸軍は、上原勇作陸相を辞任させて後任を出さないという強硬策に打って出ます。第二次山県有朋内閣の時（一九〇〇年）に成立した「海軍・陸軍大臣は現役の大将・中将でなければならない」という軍部大臣現役武官制を利用して、陸軍大臣の不在を理由に内閣を倒そうとしたのです。実際、第二次西園寺内閣は、退陣に追い込まれました。

元老は後継首相として、内大臣兼侍従長であった桂太郎を推薦し、第三次桂内閣が成立しますが、衆議院議員やジャーナリストに加えて、都市民衆からも「宮中と府中（政府）の別を乱している」との激しい非難があがり、「閥族打破・憲政擁護」を掲げた倒閣運動が始まりました。これを第一次護憲運動といいます。

しかし、実はこの時、桂太郎は、山県系でありながら元老政治からの脱却を考えていました。最近（二〇一八年現在）の教科書には、この桂の考えを示した史料を掲載しているものもあります。桂は最初の閣議で次のように述べているのです。

> 抑《そもそも》立憲ノ要義ニ於テ内閣大臣輔弼《ほひつ》ノ責任ハ、瞭々《りょうりょう》火ヲ見ルカ如ク一毫其疑《いちごうそのうたがい》ヲ存セスト雖《いえども》、従来ノ慣行或ハ政事ヲ閣外ノ元勲ニ私議シ、殆《ほとんど》後進カ先輩ニ対スル一ノ礼譲視スルノ観ヲ呈シ、随《したがっ》テ一面ハ元勲ニ累ヲ嫁スルノ嫌《きらい》ヲ生シ、一面ハ閣臣タル自家ノ本領ヲ忘ルヽカ如キモノアリ。……
>
> 故ニ太郎就任ノ初《はじめ》ニ於《おい》テ深之ヲ鑑ミ此微衷《このびちゅう》ヲ元勲諸氏ノ総明ニ訴ヘシニ、深ク之ヲ諒トシ将来ハ閣臣進テ此弊ヲ廃スヘシ、元勲モ亦喜テ之ヲ避クヘキヲ以テ互ニ誓言《せいげん》セ

り。

（『詳説日本史B』山川出版社、三百十九頁）

元老政治は立憲政治の弊害となっており、廃止していきたいとはっきり述べています。そして次のような新党構想もあったのです。

これから先は国民全体が陛下を扶翼《ふよく》し奉って、帝国の政治をやっていくようにしなければならんと思います。それにはどうしても政党を持たないといけないと、かねがね考えております。

桂の新党構想は、政党を中心に藩閥・官僚閥を含めて幅広い支持を集めようとするもので、政友会が結成時にターゲットにした都市の資産家や地方名望家だけではなく、その下の層の国民まで対象としています。そのため多方面に新党への参加を呼びかけました。それが先の尾崎の演説中の「内閣総理大臣の位置に立って、然る後政党の組織に着手する」と批判されている部分です。桂は新党を結成し、軍備拡張の凍結を含む行政・財政の改革案を示すことで護憲運動に対抗しようとしたのです。

しかし、民衆の反発はおさまらず、運動は暴動をともなうものとなり、桂内閣は五十日余りで総辞職しました。これを大正政変とよびます。桂は退陣後、間もなく病死したため、新党の船出を見ることはありませんでした。大正政変は、民衆の力が内閣を倒した最初の出来事としての評価が高いため、桂太郎は悪役と評価されがちです。

それでも、桂が残した新党結成の意義は大きかったのです。当初参加者は少人数でしたが、そのなかには加藤高明、若槻礼次郎など新進の官僚が含まれており、桂が死去した二カ月後、加藤高明を総裁として立憲同志会が結成されました。

この政党は、第一次世界大戦後には憲政会となり、のちには政権を担当して普通選挙を実現するなど民主的政治体制の確立に貢献し、さらに立憲民政党へと成長して、立憲政友会とともに「憲政の常道」とよばれた二大政党時代を形成することになるのです。

前置きが長くなりましたが、最終章となる十二時間目は、戦前の二大政党である立憲政友会と立憲民政党の展開と、それに対する国民の対応について学んでいきたいと思います。

†第二次大隈重信内閣の成立

桂太郎が残した立憲同志会が与党の座につく機会は、意外に早くもたらされました。

第三次桂内閣退陣後、内閣を組織したのは薩摩・海軍出身の山本権兵衛でした。山本は政友会の指導者となった原敬を内務大臣として、軍部大臣現役武官制の改正、減税の実施など、民衆の要求に応えるような政策を実現していきました。

しかし、まだ民衆が内閣を倒した大正政変の余韻が残るなか、軍艦購入をめぐる海軍軍人の汚職事件（ジーメンス事件）が発覚すると、マスコミは、事件にはまったく関与していなかったにもかかわらず山本首相や斎藤実《さいとうまこと》海相を攻撃します。あわせて、野党の立憲同志会・立憲国民党・中正会（山本内閣への政友会の参加に反発した尾崎行雄たちが結成した新党）は衆議院に内閣弾劾決議案を上程しました。この決議案が否決されると、民衆は憤激して議事堂を囲み、騒擾事件を起こします。この動きに貴族院が呼応して予算が不成立となり、山本内閣は総辞職することになるのです。

この状況下で山県有朋・井上馨ら元老が首相に推したのが、政界を引退していた大隈重信でした。第二次大隈内閣が成立すると、立憲同志会はその与党となったのです。第三次桂内閣と同様に、主要閣僚である外相に加藤高明、蔵相に若槻礼次郎が就くことになりました。

この時の山県のねらいは、懸案であった陸軍二個師団増設の実現でした。また、井上は、日露戦争後の厳しい財政状況を無視して、積極政策を推進しようとする政友会の勢力を弱めることを望んでいました。実際、内閣は彼らの期待に応えることになります。

一九一五年の総選挙において、大隈は選挙応援のために全国を回り、停車した駅では列車の窓から身を乗り出して演説をし、さらに大隈の演説レコードが全国へ配られました。大隈の国民的人気と最新のメディア戦略によって、少数与党であった立憲同志会は政友会に大勝し、二個師団増設案は議会を通過しました。

大正時代は、それまで国家を主導してきた藩閥というまとまりが解体されて、政党・官僚・軍部へと多元化していったのです。

†ビリケン宰相と米騒動

第二次大隈内閣が成立した一九一四年、第一次世界大戦が勃発しました。日本は日英同盟を理由にドイツに宣戦布告して、第一次世界大戦に参戦します。そして、欧米列強の関心がヨーロッパ戦線に集中しているのを利用して、加藤高明外相のもと、中国の袁世凱《えんせいがい》政権に「山東省のドイツ権益を日本が継承すること」などを含む二十一箇条の要求を突きつけ、大部分を強引に承認させました。このような大隈内閣の外交の背景には、石橋湛山が批判する「大日本主義」的な、国家の膨張は「開国進取」の現われであるとする大隈の発想がありました。

この加藤のやり方には、大隈を首相に選んだ元老の山県までもが「訳のわからぬ無用の箇条まで羅列して請求したるは大失策」と述べたように、内外から批判がありました。ただし、山県の発言の裏には、外交に対する元老たちの介入を排除しようとする加藤高明への強い反発もあり、結果として加藤は外相を辞任することになります。

大隈内閣にかわって、一九一六年に成立した寺内正毅内閣は、二十一箇条の要求で列強の日本への反感が強まったことに配慮し、中国に対する強引な権益拡張政策をやめて、袁世凱の死後、中央政治を掌握した段祺《だんき》瑞《ずい》に巨額の借款（西原借款）を与え、中国政権を通じた権益確保をはかるようになりました。

寺内正毅は、山県有朋系の陸軍大将であり、閣僚に政党員が一人もいない超然内閣としてスタートしました。この内閣は国民から「ビリケン内閣」とよばれることになります。「ビリケン」とは一九〇八年にアメリカの芸術家が夢に見た神秘的な人物を形にして発表したもので、福の神として大ブレイクし、関連商品は爆発的に売れました。日本には一九一二年に伝わり、大阪では今でも各地に飾られて（祀られて？）います。さて、次頁の寺内正毅と福の神の写真を見てください。とても似ていると思いませんか、特に頭の形が。容貌が似ていたことと「非立憲（ひりっけん）」をかけ、「ビリケン内閣」なのです。もっ

寺内正毅

ビリケン

とも本人は、福の神とかけられた呼び名が嫌ではなかったようです。

しかし、超然内閣といえども有力政党の協力がなければ存続できない時代となっていたため、まもなく寺内内閣は政友会と提携しました。

内閣成立から二年後、一九一八年夏、寺内内閣のシベリア出兵を前に米の投機的買占めが横行して米価が急騰したことで、全国の都市民衆や貧農などが、米の安売り・買占め反対を叫んで米商人などを襲撃する米騒動が起こりました。政府は軍隊を出動させて鎮圧に当たりましたが、責任を追及する世論の前に寺内内閣は総辞職することになりました。

この事態に、ついに元老は、政治の安定を確保するため、後継首相に衆議院の第一党であった政友会の総裁原敬を推薦し、ここに日本初の本格的政党内閣が誕生します。

†「平民宰相」原敬が残したもの

原敬内閣が本格的政党内閣と言われる理由としては、陸相・海相・外相以外の閣僚を立憲政友会の党員で占めたことがよくあげられますが、「自らが衆議院に議席を持つ政党の党首という資格」で、首相に任命されたことが、何より大きな歴史的意義であったと考えてよいでしょう。国民は、華族でも藩閥出身でもない原を「平民宰相」とよんで歓迎しました。

しかし、原内閣は普通選挙運動などの急進的な政治刷新を求める動きには批判的で、普通選挙に関しては、選挙法を改正して小選挙区制を導入し、選挙権の納税資格を引き下げるにとどまりました。そのため、一九二〇年初頭、普通選挙を求める数万人の大デモ行進がおこなわれます。

これを背景に野党が衆議院に男性普通選挙法案を提出すると、政府は「時期尚早」として拒否し、衆議院を解散して総選挙に打って出ます。政友会は、鉄道の拡充や高等学校の増設などの積極政策を公約として掲げ、あらたに導入した小選挙区制の効果もあって圧勝しました。こうして基盤を強めた原首相は、山県有朋ら保守派の元老が大正デモクラシーの潮流のなかで没落するのに乗じて、陸軍や宮中の主要人事などにも関与するまでに、首相の権限を強めることに成功しました。

ところが圧勝した政友会は、第一次世界大戦後の反動恐慌によって財政的にゆきづまってしまいます。また党員の関係する汚職事件も続発し、一九二一年、原敬は政党政治の腐敗に憤激した一青年により、東京駅で暗殺されてしまいました。

原敬の功績として見逃してはならないのは、その外交的な先見の明です。原敬は首相に就任するはるかに前から、アメリカがイギリスなどのヨーロッパ列強にかわって世界秩序の中心になることを予見しており、組閣後は対米外交の改善を第一に考えました。日露戦争後、アメリカが提案した南満州鉄道の共同経営を日本が拒否して以来、アメリカは日本の対中政策に批判的でした。そのため、原内閣は、成立直後に西原借款の整理を決定するなど、中国政府に対して日本の優越的地位を求めることをやめて、貿易などを通じた経済的利益を追求する方向に転換します。この原敬の対中政策は、後に開かれるワシントン会議における議決事項を受け入れる下地を整えたといえるでしょう。

教科書にはワシントン会議の議決事項について、次のように説明されています。

> アメリカのおもな目的は、アメリカ・イギリス・日本の建艦競争を終わらせて自国の財政負担を軽減すると同時に、東アジアにおける日本の膨張を抑制することにあっ

た。日本は加藤友三郎・幣原喜重郎らを全権として派遣した。

会議においてはまず、米・英・日・仏のあいだで、太平洋諸島の現状維持と、太平洋問題に原因する紛争の話合いによる解決を決めた四カ国条約が結ばれ、これにより日英同盟協約の廃棄が同意された（一九二一年）。

ついで翌一九二二年、この四カ国に、中国および中国に権益を有する主要四カ国を加えて九カ国条約が結ばれ、中国の領土と主権の尊重、中国における各国の経済上の門戸開放・機会均等を約束し、日米間の石井・ランシング協定は廃棄された。さらに同年、米・英・日・仏・伊の五大国のあいだにワシントン海軍軍縮条約が結ばれ、主力艦の保有比率をアメリカ・イギリス各五、日本三、フランス・イタリア各一・六七とし、今後十年間は老朽化しても代艦を建造しないことを定めた。日本国内では海軍とくに軍令部が対英米七割論を強く主張したが、海軍大臣で全権の加藤友三郎が部内の不満をおさえ調印に踏みきった。

（『詳説日本史B』山川出版社、三百二十七〜三百二十八頁）

これを読むと、日英同盟の廃棄は、「相互の軍事援助・特殊権益保護」という従来の帝国主義的な条約が、アメリカが主張する「軍事同盟の破棄・機会均等」に取ってかわられたものであり、日本が一方的に妥協したようにも受け取れます。

しかし、その前提として「太平洋諸島の現状維持」が確認されていることを見落としてはなりません。また、海軍軍縮条約についても、対米七割の主張が敗れたとはいえ、放置すれば、鉄鋼生産量の違いから戦力差がこれまで以上に拡大することが、当然予想されました。四カ国条約と海軍軍縮条約によって、太平洋の島々における防備制限協定が締結されたことは、東アジアにおける日本海軍の優位が確保されたことを意味するものでもあり、必ずしも不利なことではなかったのです。

九カ国条約についても、一見すると、日本は中国における特殊権益を手放したように思えますが、このころの日本にとって重要だったのは、南満州と東部内蒙古であり、条約などですでに規定されていた満蒙特殊権益は、実質的に保護されることになっていたのです。

「国際協調・経済重視・内政不干渉」は、立憲民政党政権で外務大臣を務めた幣原喜重郎《しではらきじゅうろう》による協調外交のキーワードとされています。しかし、この原型をつくったのは原敬であったと言っても過言ではないと思います。そして、この方針は程度の差はあっても、満州事変までは歴代内閣に受け継がれていきました。

原敬はワシントン会議直前に暗殺されており、その成果を見ることはできませんでした。

しかし、一九二〇年代後半に憲政の常道とよばれる時代を迎えることができたのは、ワシントン体制を受け入れることによって、アメリカとの間に良好な関係を築くことができたからです。これこそが原敬が残した最大の功績でしょう。

†憲政の常道と二大政党の対立

一九二四年、清浦奎吾《きようらけいご》が貴族院を背景に官僚系内閣を組織すると、憲政会（前身は立憲同志会）・立憲政友会・革新倶楽部の三党は、提携して護憲三派を形成し、倒閣運動を起こしました。これが第二次護憲運動です。政府は衆議院を解散しましたが、総選挙で護憲三派は大勝し、清浦内閣は総辞職します。

かわって第一党となった憲政会の総裁加藤高明が首相となり、護憲三派の連立内閣を組織しました。これにより、五・一五事件で犬養毅内閣が倒れるまで、衆議院の有力政党の総裁が首相となる「憲政の常道」とよばれる政党内閣の時代が始まったのです。

加藤内閣は、普通選挙法を成立させ、ソ連との国交を樹立するとともに、それによって社会主義運動が活発になることを防ぐために治安維持法を成立させました。また、幣原喜重郎を外相として、原内閣以来続いているアメリカを中心とした列強との協調を重視する外交を展開しました。

この提携は、立憲政友会が陸軍の長老であった田中義一を総裁に迎え、革新倶楽部を合併して内閣を離脱したことで解消されます。しかし、加藤内閣は憲政会単独与党で存続し、加藤が病死した後は、若槻礼次郎が憲政会総裁となり内閣を引き継ぎました。

その第一次若槻内閣は、一九二七年におこった金融恐慌のなか、経営破綻の危機に直面した台湾銀行を緊急勅令によって救済しようとします。しかし、幣原協調外交を不満とする枢密院（公的な天皇の最高諮問機関）が倒閣をはかってこれを拒否したため、総辞職に追い込まれました。

次の田中義一内閣は、このような背景で成立したことや、蔣介石の北伐に対抗して山東出兵をおこなったり、関東軍の一部が張作霖を爆殺した問題の処理をめぐって、真相を知っている昭和天皇の不興を買って総辞職したりするため、強硬外交の面ばかりが強調される傾向にあります。

しかし、強硬でない一面もありました。田中内閣は退陣する少し前に、米・英など十五カ国が、国際紛争解決の手段としての戦争をおこなわないことを宣言した、パリ不戦条約に批准します。

ところが、野党であった立憲民政党（元憲政会）が、その条文のなかの「其ノ各自ノ人民ノ名ニ於《おい》テ」宣言するという部分について、「天皇大権を軽視し憲法に反する」といって嚙みついたのです。御存じのとおり民政党の外交姿勢は協調外交だったため、この批判は明らかに倒閣目的の攻撃でした。これに対して田中内閣は、この部分は日本には適用されないと宣言することになりました。

この民政党の攻撃は、一九二八年におこなわれた最初の普通選挙の際、田中内閣の内務大臣（鈴木喜三郎）から「民政党が掲げる議会中心主義は憲法を蹂躙《じゅうりん》している」と誹謗《ひぼう》され、さらに露骨な選挙干渉を受けたことへの報復だったともいえます。しかし、理由はどうであれ、理念なき「反対のための反対」といえるでしょう。

†統帥権干犯問題と政党政治の自殺行為

田中義一内閣のもとでおこなわれた第一回普通選挙の結果は、立憲政友会二百十七議席に対して立憲民政党二百十六議席と、わずか一議席差でした。

民政党の初代総裁浜口雄幸は、田中義一内閣が総辞職という形で政権を手放したことにより、少数与党で内閣を組織することになりました。浜口内閣は成立とともに協調外交の方針を復活させ、幣原喜重郎を外相に起用しました。そして対中国関係を改善するために、日中関税協定を結び、条件つきではあったものの中国に関税自主権を認めました。あわせて軍縮の方針に従って、一九三〇年、ロンドン海軍軍縮会議に参加しました。この軍縮会議では、主としてワシントン海軍軍縮条約で除外された補助艦（巡洋艦・駆逐艦・潜水艦）の保有量が議題となりました。日本は当初、対米英七割を希望しましたが、アメリカの要望に応じて、〇・〇二五割を削る対米英六・九七五割とする妥協案を受け入れる方針でした。これには海軍省内部も賛成していましたが、軍令部長加藤寛治《ひろはる》は、大型巡洋艦が対米英七割に満たなかったことなどから条約拒否の方針を唱えます。それでも政府は、国際協調という外交の基本理念に加えて、軍縮による財政の緊縮を達成して、前年に実施した金輸出解禁（金本位制への復帰）を成功させるという目的のもと、条約調印に踏みきったのです。これに対して、野党の立憲政友会・海軍軍令部・右翼などは、海軍軍令部長の反対をおしきって政府が兵力量を決定したのは、天皇大権である統帥権《とうすいけん》の干犯《かんぱん》であると激しく攻撃しました。その先鋒となったのが政友会の鳩山一郎と犬養毅です。実は、軍令部は一度鉾を収めかけていたのですが、議会で取り上げられたことで勢いを取り戻したのです。

この件について昭和天皇や元老西園寺公望、牧野伸顕内大臣らは、裏で一貫して浜口内閣支持の姿勢を示していました。そのため反対論の強かった枢密院もついには同意を与え、政府は条約の批准に成功しました。しかし、一九三〇年十一月、浜口首相は東京駅で右翼青年に狙撃され重傷を負いました。

幸い浜口は一命をとりとめましたが、政友会の鳩山一郎は幣原外相による議会答弁を拒否し、重傷である浜口首相の議会への登壇を執拗に求めます。これに応じて浜口は議会に立ちますが、傷が悪化して翌年死亡しました。

実は、この時、政友会も軍縮そのものには賛成の立場であり、統帥権干犯問題は、パリ不戦条約批准の際の民政党と同じように「反対のための反対」でした。しかし、鳩山一郎たち政友会が、目先の政権欲しさに「政党は軍部の意向に逆らうことはできない」と自分たちで主張したことは、「政党政治の自殺行為」であり、歴史を振り返れば、この代償は極めて大きなものとなりました。

浜口が死去した翌月、関東軍が奉天郊外の柳条湖で南満州鉄道の線路を爆破し、これを中国軍のしわざとして軍事行動を開始しました。満州事変の勃発です。浜口の後を受けた第二次若槻礼次郎内閣は不拡大方針を声明しましたが、関東軍はこれを無視して戦線を拡大していきます。これにより、日本は、国際的孤立の道へ踏み出したのでした。

†満州事変と世論

意外と思われるかもしれませんが、海軍軍令部や右翼、そして立憲政友会に攻撃されたロンドン海軍軍縮条約の調印にあたった若槻礼次郎や財部彪《たからべたけし》海相らが帰国したとき、熱狂した民衆で東京駅は埋もれました。軍縮条約は、国民大衆の間では強い支持を得ていたのです。マスコミも、統帥権干犯をめぐる議会での論争について、多くは憲政擁護の立場から政友会の態度を批判する記事を報じました。なかには「醜態さらした政友会は正道に還れ」と見出しに書いた新聞もあったほどです。

ところが満州事変では、その空気は大きく変わっていました。新聞社のなかには、関東軍を全面的に支持する大キャンペーンを展開して寄付金の公募をおこない、関東軍から感謝状を受けるものまでありました。国民の世論も軍の行動を支持するものが多く、関東軍は戦局を拡大し、若槻内閣は総辞職に追い込まれます。ちなみに、満州事変で関東軍全面支持の大キャンペーンをおこなった新聞社は、統帥権干犯問題で「政友会は正道に還れ」と書いた会社と同じなのです。

なぜ、ほんのわずかの間に世論がこれほどまでに変わったのかを考えるために、この当時の経済をみていきましょう。

†一九三〇年代前半の経済と五・一五事件

浜口雄幸はその風貌から「ライオン宰相」とよばれ、謹厳実直で倹《つま》しい生活ぶりで知られており、その悲劇的な最期もあって悪く言う人はあまりいません。しかし、彼の経済政策の目玉とも言える金輸出解禁（金解禁）と緊縮財政は、結果としては大失敗でした。

金解禁は、アメリカ・ニューヨークの株価の大暴落から始まった世界恐慌の影響をまともに受けて、日本は昭和恐慌とよばれる未曽有の経済危機を迎えました。その影響は農村にも波及し、特に東北地方を中心に農家の困窮は著しく、欠食児童や女子の身売りが続出します。

このような失政による経済悪化に国民が耐えられなかったことが、軍部を歓迎するムードをつくりあげたのでしょう。また、関東軍を全面支持した新聞社は、在郷軍人会などから反軍的だとして不買運動を展開されたことに、経営的な危機感をもっていました。勇ましい記事を書くことで人気を得て、発行部数を百万部も伸ばすことに成功するのです。

民政会は、外交においては成果をあげましたが、経済失政の影響もあり、一九三二年におこなわれた総選挙では大敗し、犬養毅が率いる政友会が三百一議席という絶対多数を獲得しました。

その犬養毅首相が、海軍の青年将校に暗殺された五・一五事件で、裁判にかけられた事件の首謀者に対して大規模な助命嘆願運動が起こったことも、当時の国民の気持ちをよく表わしています。

犬養毅は総選挙にあたって「政友会が政権に復帰すれば犬養景気が起こる」と主張して圧勝しました。事実、蔵相となった高橋是清《たかはしこれきよ》は犬養内閣成立後、金輸出を再禁止して管理通貨制度に移行するとともに、大量の赤字国債を発行して政府の公共事業を積極的におこないました。国債で得た資金は軍事費に多く使われ、円安を利用した輸出の伸びと軍需産業の成長により、日本は一九三三年には欧米諸国に先駆けて、世界恐慌前の生産水準を回復することに成功します。

しかし、国民が景気の恩恵をうけるのは、少し先のことで、まだ不景気のなかにいたのです。軍部の一部の者による極端な行動は、疲弊する自分たちを救うためには腐敗した政党政治を打破しなければならないという、やむにやまれぬものと映ったのです。

助命嘆願運動の結果、事件を起こした将校たちへの判決は軽いものとなりました。このことも二・二六事件の陸軍青年将校の反乱を後押ししたと言われています。

†二・二六事件と天皇機関説問題

犬養暗殺後に成立した斎藤実内閣は、政友会・民政党・官僚・財閥などから閣僚を出す挙国一致内閣（中間内閣）でした。続く岡田内閣も同様の内閣を目指しましたが、衆議院に三百一議席をもつ政友会は、これに不満を覚え、岡田内閣に参加せず、対決姿勢を取りました。

一九三五年、このような政治状況のもとで、天皇機関説問題が持ち上がったのです。美

濃部達吉を中心とする天皇機関説という学説は、簡単に言うと、

法人である国家はいくつかの機関により構成されている。立法機関としての議会、行政機関としての内閣。それぞれに定員がある。そして統治機関としての天皇がある。定員は一名である。そのため天皇も憲法の規定を受ける

というもので、政党政治や政党内閣を正当化する理論的支柱であり、昭和天皇も天皇機関説論者でした。この問題は、そもそもは貴族院で、一議員が反国体的だと取り上げたものに過ぎませんでした。しかし、内閣と対決姿勢をとっていた政友会が、「反国体的だ」という意見に便乗して政治問題化させ、政府攻撃に利用したのです。

陸軍、右翼、政友会による全国的排撃運動の展開の前に、岡田内閣は屈服して国体明徴《こくたいめいちょう》声明《せいめい》を出し、天皇機関説を否認しました。ここに政党内閣制は、その根拠を失ったのでした。政友会の行動は、またもや党利党略が招いた政党政治の自殺行為でした。

一九三六年一月、政友会は衆議院に内閣不信任案を提出します。衆議院は解散され、二月二十日、総選挙が実施されました。結果は立憲民政党が二百五議席を獲得して第一党となり、逆に政友会は百二十六議席を失って百七十五議席に終わり、鈴木喜三郎総裁が落選す

るなどの大打撃を受けました。国民はよく見ていたのだと、ぼくは思います。

これにより民政党を与党としていた岡田内閣の政権基盤は、安定すると思われました。ところが、そのわずか六日後に二・二六事件が発生したのです。

斎藤実・岡田啓介と海軍穏健派による内閣が二代続いたことに、陸軍などの現状打破を掲げる勢力は、不満をつのらせていました。二・二六事件は、陸軍内部の皇道派の青年将校たちが、軍部政権の樹立を目指したものでした。高橋是清蔵相や斎藤実内大臣らが暗殺され、さらには、反乱を賞讃するともいえる陸軍大臣告諭が出されました。翌日戒厳令が出されると反乱部隊は政府軍に編入され、クーデターは成功したかに見えました。しかし、思いもかけない事態が起こります。側近を殺された昭和天皇が激怒し、鎮圧を厳命したのです。天皇が「朕自らが近衛師団を率いて鎮定に当たらん」と言った話は有名です。

何より、五・一五事件の時と異なっていたのは、国民が味方をしなかったことです。事件当時は、浜口内閣が進めた産業合理化と、高橋是清による積極財政が成果をあげて好景気を迎え、国民生活が向上していたからです。

反乱は三日で完全に制圧され、日比谷界隈では事件中は閉鎖されていた映画館に、客がどっと押し寄せたといいます。

国民は、軍部政権の実現を望んではいなかったのです。しかし、陸軍皇道派のクーデターを鎮圧したのは、皇道派と対立していた陸軍の統制派でした。事件後、統制派は皇道派を排除して陸軍内での主導権を確立し、陸軍の政治的発言力はいっそう強まりました。統制派の中心の一人が、後にアジア太平洋戦争を始める東条英機です。

岡田内閣総辞職の後、首相に指名された広田弘毅は、陸軍に閣僚案を次々と否定され、「自分らの考えているものとまったく違う。これを支持するわけにはいかぬ」と新聞に発表されるありさまでした。そのため人選や軍備拡張などについて、軍の要求を入れてかろうじて成立しました。

これ以後、軍は諸内閣に介入するようになり、政党政治復活の可能性は失われていったのでした。

†政治は国民道徳の最高水準たるべし

「ライオン宰相」こと浜口雄幸は、昭和恐慌となっても金解禁と緊縮財政の政策を変えませんでした。そして一九三〇年の総選挙にあたり、国民に次のように言いました。

「当面景気はもっと悪くなります。しかし、それをしのげば良くなります。耐えてください」

娘が身売りをしなければならないほどの困窮の中で、国民の選択はどうであったのか。

浜口雄幸

衆議院四百六十六議席中　立憲民政党二百七十三議席・立憲政友会百七十四議席

民政党の圧勝でした。

「自分が政権を失うとも、民政党を失うとも、また自分の身命《しんめい》を失うとも、奪うべからざる堅き決心」と述べ、目先の票のために国民に媚びることをしない浜口を選んだのです。

当時、緊縮財政をとるのか積極財政をとるのかは、政友会、民政党のなかでも議論が繰り返されていました。答えは誰にもわからなかったのです。

この浜口雄幸の姿とその時の国民の行動を、歴史学者で政治学者でもある井上寿一氏は、「日本の民主化の過程で一つの頂点」だったと評価しています。

今、ぼくたちはこの時以上に、近代的市民として政治的に成熟していると言えるのでしょうか。

政治は国民道徳の最高水準たるべし

浜口の言葉です。後世の人が振り返ったとき、「民主化の歴史としては、浜口内閣の時が日本史上の頂点だった」と言われることのないようにしなければならないと、痛切に感じます。

おわりに

今、ぼくは愛媛県の公立中高一貫教育校（愛媛県立松山西中等教育学校）に勤めています。そして、ありがたいことに、十年ほど前から毎年四月に、地元の大学で一日だけ講義をさせていただいています。対象はその年に教育実習に行く学生さんたちです。今年度の講義は、ちょうどこの本のお話をいただいたころでした。

終了後、個別に質問を受けているとき、一人の女子学生にこう問われました。

「野澤先生は、どうして日本史の先生になろうと思ったのですか」

よくあるような質問です。しかし、ぼくは返事につまってしまいました。

今までに、教員になろうと思った理由については、何度も尋ねられました。しかし、なぜ「日本史の教員」になろうとしたのかは、考えたことがなかったのです。大学に入学した時は、将来自分が日本史を専攻するとは思ってもいませんでした。

質問した学生さんを、かなり待たせたと思います。しばらくして、ぼくはこう言いました。

きっと、ぼくはこの国が好きなのですよ

話しながら、「あぁ、そうだったんだ」と改めて気付きました。きっかけは、もしかしたら犬養孝先生に、その素晴らしさを教えていただいた『万葉集』だったのかもしれません。それはわからないけど、ぼくはこの国が好きで、この国をつくってきた人びとの営みが好きで、その良さを伝えたいと思った、それが理由だったのでしょう。

かつての教え子で、今、大学の教員をしている影浦順子氏が、学生に向けたメッセージのなかで、こんなことを書いてくれました。

他の教科はそっちのけで、日本史の教科書や資料集を穴が開くほど見直しては暗記し、授業の後に何か質問できることはないかと思案していた理由はただひとつ。受験のための日本史という垣根を越えて、歴史を学ぶことの楽しさと奥深さを教えてくれた恩師・野澤道生先生に少しでも近づきたいという思惑があったからだ。

(『学問の森へ――若き探求者による誘い』)

教師として得られる最高の賛辞です。

ぼくは、「世の中に、学校の先生ほど素敵な商売はない」と思っています。もしも、生まれ変わることができても、きっともう一度、先生になるでしょう。

そして、科目は、やはり「日本史」だと思います。

ぼくは三年前から、勤務校で、校長先生をはじめとする教職員の方々の御理解と御協力を得て、「土曜市民講座　東大入試で学ぶ日本史」という講座を開いています。そして、うれしいことに、上は八十二歳から下は十一歳までのたくさんの方々に御参加いただいています。白髪の高齢者の方と、制服を着た生徒が机を並べている光景に感動します。この本の一時間目・二時間目・三時間目・五時間目・六時間目・七時間目・九時間目、そして十一時間目にお話しした内容は、市民講座でも取り上げたものです(もちろん、この本のほうが、詳しいものになっています)。

今回、このような形で、さらに多くの方に、ぼくの授業を受けていただけたことは、本当に幸せなことだと、心より感謝しています。そして、この機会を与えてくださった筑摩書房の橋本陽介氏に御礼を申し上げます。

日本の歴史のなかには、まだまだ知っておきたいことや、素晴らしいこと、考えなければならないことがたくさんあります。また、機会があれば、一緒に学んでいきましょう。

このたびは、ぼくの授業にお付き合いくださり、本当にありがとうございました。

主な参考文献

『詳説日本史B』（山川日B三〇一）山川出版社
『新日本史B』（山川日B三〇七）山川出版社
『高校日本史B』（山川日B三〇八）山川出版社
『日本史B』（実教日B三〇五）実教出版
『新選日本史B』（東書日B三〇三）東京書籍
『日本史B　改訂版』（廃刊）三省堂
『新編新しい社会　歴史』（中学校社会科用）東京書籍
『新編新しい社会6　上（歴史分野）』（小学校社会科用）東京書籍
『日本の歴史5　王朝の貴族』中央公論社、一九六五
『日本の歴史7　鎌倉幕府』中央公論社、一九六五
粟屋憲太郎『昭和の政党』小学館、一九八三
井上寿一『教養としての「昭和史」集中講座』SB新書、二〇一六
犬養孝『万葉の旅』（下）社会思想社、一九六四
岡倉天心『茶の本　The Book of Tea』［対訳ニッポン双書］IBCパブリッシング、二〇〇八
岸俊男『藤原仲麻呂』吉川弘文館（人物叢書）、一九八七
黒板伸夫『藤原行成』吉川弘文館（人物叢書）、一九九四
河内祥輔『保元の乱・平治の乱』吉川弘文館、二〇〇二

小風秀雄編『大学の日本史④近代』山川出版社、二〇一六
小島亮編『学問の森へ──若き探求者による誘い』中部大学、二〇一一
積山洋「難波宮──京の廃絶とその後」奈良女子大学古代学学術研究センター、二〇一二
棚橋光男『後白河法皇』(講談社選書メチエ)、一九九五
田端泰子『女人政治の中世』講談社現代新書、一九九六
鳥海靖『日本近代史講義　明治立憲制の形成とその理念』東京大学出版会、一九九八
根崎光男『犬と鷹の江戸時代──〈犬公方〉綱吉と〈鷹将軍〉吉宗』吉川弘文館、二〇一六
藤田覚『近世の三大改革』山川出版社(日本史リブレット)、二〇〇二
保坂智『百姓一揆とその作法』吉川弘文館、二〇〇二
ベアトリス・M・ボダルト＝ベイリー『犬将軍──綱吉は名君か暴君か』柏書房、二〇一五
宮地正人・木村茂光『受験専科の日本史』文英堂、一九九〇
山室恭子『黄門さまと犬公方』文春新書、一九九八
吉海直人「清少納言の孟嘗君伝引用」同志社女子大学教員によるコラム、二〇一五
京都府酒造組合連合会ホームページ

ちくま新書
1306

やりなおし高校《こうこう》日《に》本《ほん》史《し》

二〇一八年二月一〇日　第一刷発行

著　者　野澤道生（のざわ・みちお）

発行者　山野浩一

発行所　株式会社 筑摩書房
東京都台東区蔵前二-五-三　郵便番号一一一-八七五五
振替〇〇一六〇-八-四一二三

装幀者　間村俊一

印刷・製本　株式会社 精興社

乱丁・落丁本の場合は、左記宛にご送付ください。
送料小社負担でお取り替えいたします。
ご注文・お問い合わせも左記へお願いいたします。
〒三三一-八五〇七　さいたま市北区櫛引町二-六〇四
筑摩書房サービスセンター　電話〇四八-六五一-〇〇五三

ISBN978-4-480-07120-0 C0221

ちくま新書

618
百姓から見た戦国大名
黒田基樹
生存のために武器を持つ百姓。領内の安定に配慮する大名。乱世に生きた武将と庶民のパワーバランスとは――。戦国時代の権力構造と社会システムをとらえなおす。

1034
大坂の非人
――乞食・四天王寺・転びキリシタン
塚田孝
「非人」の実態は、江戸時代の身分制だけでは捉えられない。町奉行所の御用を担っていたことなど意外な事実を明らかにし、近世身分制の常識を問い直す一冊。

1093
織田信長
神田千里
信長は「革命児」だったのか？ 近世へ向けて価値観が大転換した戦国時代、伝統的権威と協調し諸大名や世間の評判にも敏感だった武将の像を、史実から描き出す。

1219
江戸の都市力
――地形と経済で読みとく
鈴木浩三
天下普請、参勤交代、水運網整備、地理的利点、統治システム、所得の再分配……地形と経済の観点を中心として、未曾有の大都市に発展した江戸の秘密を探る！

692
江戸の教育力
高橋敏
江戸の教育は社会に出て困らないための、「一人前」になるための教育だった！ 文字教育と非文字教育が一体化した寺子屋教育の実像を第一人者が掘り起こす。

1101
吉田松陰
――「日本」を発見した思想家
桐原健真
2015年大河ドラマに登場する吉田松陰。維新の精神的支柱でありながら、これまで紹介されてこなかった思想家としての側面に初めて迫る、画期的入門書。

1096
幕末史
佐々木克
日本が大きく揺らいだ激動の幕末。そのとき何が起き、何が変わったのか。黒船来航から明治維新まで、日本の生まれ変わる軌跡をダイナミックに一望する決定版。